T0278853

Guía *de* Cuidados Básicos *para* Hijos Adultos *de* Padres Emocionalmente Inmaduros

La información contenida en este libro se basa en las investigaciones y experiencias personales y profesionales del autor y no debe utilizarse como sustituto de una consulta médica. Cualquier intento de diagnóstico o tratamiento deberá realizarse bajo la dirección de un profesional de la salud.

La editorial no aboga por el uso de ningún protocolo de salud en particular, pero cree que la información contenida en este libro debe estar a disposición del público. La editorial y el autor no se hacen responsables de cualquier reacción adversa o consecuencia producidas como resultado de la puesta en práctica de las sugerencias, fórmulas o procedimientos expuestos en este libro. En caso de que el lector tenga alguna pregunta relacionada con la idoneidad de alguno de los procedimientos o tratamientos mencionados, tanto el autor como la editorial recomiendan encarecidamente consultar con un profesional de la salud.

Título original: Self-Care for Adult Children of Emotionally Immature Parents: Daily Practices to Honor Your Emotions and Live with Confidence
Traducido del inglés por Elsa Gómez Belastegui
Diseño de portada: Editorial Sirio, S.A.
Maquetación: Toñi F. Castellón

©   de la edición original
     2021 de Lindsay C. Gibson

Esta edición se publica mediante acuerdo con New Harbinger Publications
a través de International Editors & Yáñez Co' S. L.

©   de la presente edición
     EDITORIAL SIRIO, S.A.
     C/ Rosa de los Vientos, 64
     Pol. Ind. El Viso
     29006-Málaga
     España

www.editorialsirio.com
sirio@editorialsirio.com

I.S.B.N.: 978-84-19685-59-9
Depósito Legal: MA-122-2024

Impreso en Imagraf Impresores, S. A.
c/ Nabucco, 14 D - Pol. Alameda
29006 - Málaga

Impreso en España

Puedes seguirnos en Facebook, Twitter, YouTube e Instagram.

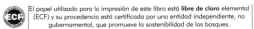 El papel utilizado para la impresión de este libro está **libre de cloro** elemental (ECF) y su procedencia está certificada por una entidad independiente, no gubernamental, que promueve la sostenibilidad de los bosques.

Lindsay C. Gibson

Guía *de* Cuidados Básicos
para
Hijos Adultos
de Padres
Emocionalmente
Inmaduros

*Honra tus emociones, cultiva tu potencial
y vive con confianza*

EDITORIAL
SIRIO

A mi hermana, Mary Carter Babcock, que
siempre ha visto lo mejor que hay en mí.

Índice

Introducción:
Habilidades para la vida
que nunca te enseñaron

La intención de este libro es hacerte compañía en tu viaje de autodescubrimiento. Ábrelo para que te recuerde que conectes contigo, cada vez que te sientas presionado a colocar en segundo plano tu bienestar. Si creciste con unos padres emocionalmente inmaduros (EI), lo más probable es que aprendieras a anteponer siempre sus deseos y necesidades a los tuyos. No es fácil que unos padres EI te enseñaran a cultivar tu individualidad y a ser fiel a ti mismo. Las distorsiones y la vulnerabilidad características de la personalidad emocionalmente inmadura, que describo en mis libros anteriores, les impidieron enseñarte a desarrollar la intuición y a percibir cuál era en cada caso la solución más acertada para ti y tus circunstancias. Así que he recopilado las siguientes reflexiones con la idea de que te sirvan de recordatorio sobre lo que necesitas para sentirte completo y seguro de ti mismo, y para tener la mejor vida posible.

El propósito de esta colección de observaciones es animarte a iniciar un viaje de autoconocimiento que tenga como meta la plenitud, y alentarte a adoptar ciertas actitudes y prácticas que te harán la vida más fácil, para que puedas disfrutar más. Las he escrito con la intención de darte ánimos siempre que los necesites. Las reflexiones conectarán con esa profunda vena de autenticidad que te recorre interiormente para que puedas ser tú mismo como nunca lo has sido hasta ahora. Quiero que sientas que estás de nuevo en contacto contigo y honres tus emociones a medida que recuerdas verdades de ti que tal vez han permanecido durante mucho tiempo olvidadas. Es sin duda muy emocionante leer algo que nos lleva de vuelta a una verdad que habíamos perdido de vista. Deseo de corazón que, en cada apartado, haya algo en lo que te reconozcas al instante y una voz dentro de ti diga con sorpresa: «Ese soy yo» o «Sabía que era así», aunque sea la primera vez en tu vida que lo encuentres expresado en palabras.

Estas reflexiones breves, que hablan sobre cómo darte lo que mereces, tus relaciones y cómo abordar los problemas, serán los recordatorios que te ayudarán a cuidar de tu verdadero yo que empieza a aflorar en plenitud, a honrar tu mundo interior y a protegerte emocionalmente. En otras palabras, te animarán a ser fiel a ti mismo por encima de todo.

En libros anteriores, he explicado el fenómeno de la inmadurez emocional de manera ordenada, presentando la información y sugiriendo comportamientos en sentido lineal. Aquí, en cambio, tómate la libertad de leer en el orden que quieras los breves apartados que siguen, pues su propósito es despertar en ti una percepción directa que te ayude en tu vida. Léelos como te sientas inspirado a leerlos, para que sus observaciones y reflexiones —confío en que enriquecedoras— refuercen tu seguridad en ti mismo a la hora de tomar una decisión en situaciones difíciles. Te sugeriré también nuevas perspectivas y actitudes que puedes probar y que te ayudarán a entrar en armonía con tu *auténtico yo*. Ese yo íntimo es donde encuentras paz, felicidad y profunda confianza en ti. Es donde sientes el simple bienestar de ser quien eres; donde te das cuenta de que la vida y sus retos tienen sentido y entrañan mensajes para tu crecimiento interior. He agrupado los capítulos en tres partes:

sobre cómo cuidar de ti, cómo mejorar la salud de tus relaciones y cómo afrontar con confianza las dificultades de la vida, las tres vías que te conducirán a una vida más feliz y más plena.

En la primera parte veremos que la base para cuidarte es conocerte. A medida que vayas siendo más consciente de ti mismo, que descubras lo que realmente quieres y empieces a defenderlo con determinación, te sentirás cada vez más competente y te resultará más fácil resolver con soltura las situaciones de la vida. Confiarás cada vez más en tu mundo interior y serás capaz de protegerte emocionalmente.

A continuación, en la segunda parte, abordaremos el mundo de las relaciones y sus conflictos. Exploraremos cómo encontrar amor y valorar las diferencias. Veremos también cómo tratar con las personas difíciles. Las interacciones siempre son más sencillas cuando te conoces a ti mismo y respondes a los demás de una manera que no te desconecte de ti. No tienes por qué tolerar comportamientos hirientes, vengan de quien vengan, ni justificarlos poniendo como excusa las limitaciones de esa persona. Ahora puedes ser realista y admitir el efecto que tienen sobre ti, y dejar de sentirte responsable de la autoestima y la felicidad de nadie. Solo tú decides cuánto tiempo y atención estás dispuesto a dedicar a las personas difíciles.

Afortunadamente, en la vida hay también gente amable y generosa que te hace creer en ti mismo y con la que sientes que puedes ser tú. Su positividad y su aceptación incondicional alimentan tu fuerza interior. Esta clase de personas con las que es tan placentero relacionarse te muestran que una buena relación consiste en disfrutar de la compañía del otro y en el apoyo mutuo, lo cual es muy diferente de que una de las partes se engrandezca a costa de la otra. Estos seres especiales te guiarán hacia el amor, la confianza y el respeto a tus sentimientos.

En la sección sobre la crianza infantil, veremos qué perspectivas y actitudes son las más favorables en el trato con los hijos. Es frecuente que quienes crecieron con unos padres emocionalmente inmaduros teman convertirse en padres EI ellos también, y de ningún modo quieren hacerles a sus hijos lo que a ellos les hicieron. Pero si eres una persona autorreflexiva que entiende unos cuantos principios básicos sobre los niños y las relaciones en general, no tienes de qué preocuparte. Una vez que comprendas tu pasado y cómo te trataron, ya no le transmitirás eso mismo a nadie, menos aún a tus hijos. Una vez que tienes suficiente perspectiva como para ver que nuestros hijos están aquí para enseñarnos, empiezas a aprender de ellos como jamás habrías podido imaginar.

Cuando convives con unos padres EI, expresar una opinión diferente a la suya o tratar de establecer unos límites personales se califica de egoísta y desconsiderado. Te enseñan que nada que no suponga un sacrificio por tu parte será jamás prueba suficiente de lealtad y amor, y que pensar en ti es sinónimo de abandonar a los demás. Puede que te enseñen también a pensar que los contratiempos comunes de la vida están injustificados, son injustos y con toda probabilidad te desestabilizarán. Te enseñan, con el ejemplo, a tener miedo de cualquier cosa que no puedas controlar por completo. Pero, como veremos, se puede afrontar la vida con otra actitud, una actitud basada en el amor a ti mismo que te permitirá abordar las situaciones con aceptación e inteligencia, en lugar de con miedo.

En la última parte del libro, aprenderás maneras más fructíferas de entender la vida y hacer frente a las dificultades. Te darás cuenta de que la vida te muestra en todo momento cómo aceptar sus condiciones y lidiar con ella de la mejor manera posible, solo con que estés dispuesto a escuchar. Verás que te pide con insistencia que defiendas activamente lo que es importante para ti. Si afrontas las situaciones de la vida con esta actitud, entenderás los contratiempos como llamadas a la creatividad y las decepciones como señales de que quizá necesitas replantearte lo que de verdad quieres.

Cuando interpretas las situaciones de la vida en términos así de positivos —no como un acontecer inescrutable y sin sentido, sino como acontecimientos rebosantes de significado que te ayudan a crecer—, empiezas a entender, por ejemplo, que el estrés podría ser un aviso de que te estás desviando de lo que realmente quieres. Entonces puedes hacer caso del mensaje y aminorar el ritmo, sintonizar con tu yo interior y, con la confianza de que sabrás *percibir* la mejor manera de resolver el problema, aplacar con suavidad los miedos para poder crear una solución eficaz.

Estás creando tu vida a cada instante. ¿Vas a hacer de tu vida una guerra contra la realidad, una lucha contra los hechos, como lo es para muchas personas emocionalmente inmaduras? ¿O vas a facilitarte las cosas, a ser más directo, a empezar por el final que quieres hacer realidad y retroceder desde él hasta conectarlo con el principio que estás a punto de crear? ¿Vas a ser tolerante con tus errores y comprensivo contigo mismo en esos momentos en que no encuentres nada en ti de lo que enorgullecerte? Esos son los momentos en los que la vida te pide que seas un artista, un artista verdaderamente bueno, que trascienda los errores y deje espacios suficientes para que la creatividad respire a través de las aberturas. Vivirás tu vida con más confianza y destreza en cuanto empieces a verla como una creación tuya, y no como algo que se te está haciendo.

Este libro activará en ti una nueva percepción de las cosas y te ayudará a desarrollar habilidades que te harán tener una existencia más plena y ser más amable contigo mismo. Su objetivo es sintonizarte con tu autenticidad y con la sabiduría de la vida. Las percepciones que comparto en las siguientes páginas activarán en ti una búsqueda de tu verdadero yo a un nivel profundo, un proceso autorreflexivo que hará que el cambio sea más fácil de lo que imaginabas.

Si te has desconectado de ti, no caigas en la desesperanza. Si has acabado enredado en muchas tendencias heredadas de tus padres y hasta ahora te has resignado a ser invisible, a dudar de ti, a medir tus palabras para no herir sus sentimientos, lo puedes cambiar. Si has aprendido a criticarte sin piedad, lo puedes dejar de hacer. Ninguna de estas cosas tiene nada que ver con tu verdadera naturaleza. No fuiste hecho para vivir confundido, sintiéndote culpable y criticándote por todo. La única pregunta sensata en la vida es qué hacer con lo que se tiene.

La verdadera naturaleza de cualquier forma de vida (incluida la tuya) es querer avanzar en dirección a la expansión, la prosperidad y más vida. Pero tal vez tú aprendiste a refrenarte, ya fuera por amor, lealtad o miedo relacionados con tus apegos de infancia. Tal vez otros establecieron qué condiciones debías cumplir para ser digno de amor y prosperidad, cuando la realidad es que lo has sido siempre. Una vez que empiezas a ser más consciente de ti y estás de nuevo en contacto contigo, la culpa y las distorsiones ya no tienen a qué agarrarse. Te resbalan, porque su falta de sentido resulta obvia cuando te conectas con tu yo más profundo, con tu vida y con las personas con las que te corresponde estar. Te darás cuenta de que la vida nunca ha tenido la intención de refrenarte y de que protegerte no es ser egoísta. Que te cansaras del juego de la inmadurez emocional no significa que los demás no te importen, y nadie tiene derecho a decirte lo que debes pensar y sentir. Todas estas son creencias erróneas que violan tus derechos fundamentales y que puedes abandonar en cuanto estés dispuesto a hacerlo.

Las reflexiones de este libro te prepararán para ese día en que complacer a los demás será solo un gesto amable que decidas hacer libremente, y no un intento de mendigar la bondad que ya era tuya desde el principio. Brindo por tu nueva vida, en la que te cuides con el amor con que lo harían un padre o una madre entregados, orgullosos de ti y emocionalmente maduros. Brindo por tu confianza en que puedes ser abiertamente quien eres sin correr ningún riesgo. Ojalá encuentres almas afines con las que descubras una nueva forma de relacionarte y veas la vida como un juego desafiante que se rinde ante la actitud correcta. Si estas páginas resultan ser dignas de acompañarte en el proceso, será para mí la mayor alegría.

PRIMERA PARTE

Protégete y cuida de ti

Sé fiel a ti mismo*

S i en tu infancia aprendiste a pensar siempre en los demás antes que en ti, es posible que tu vida haya acabado siendo un constante estado de reacción, en lugar de una vida de plenitud. Sin embargo, ahora puedes aprender a ser tu propio paladín y proteger, valorar y apoyar a quien verdaderamente eres en lo más profundo. Ser consciente de ti mismo te centrará y te anclará en tu verdadero yo. Descubrir tu auténtico yo es un vivificante proceso que te dará regalos sin fin una vez que estés decidido a no volver a apartarte de él nunca más.

---

* N. de la T.: Por la cercanía y calidez con que se dirige la autora a la persona que está leyendo este libro –hijo o hija de unos padres emocionalmente inmaduros– y el carácter íntimo de los temas que trata, me ha parecido lo más apropiado alternar el femenino y el masculino en los capítulos de la traducción para facilitar la conexión directa de cada lectora y lector con esa voz que le habla personalmente.

1 Crea una mejor relación contigo mismo

Estate a tu disposición como lo estarías
para cualquier persona querida.

Tu relación contigo mismo es la relación más importante de tu vida, ya que es imprescindible para que puedas tener verdadera conexión con otras personas. Conocerte y valorar lo que descubras de ti te convierte en un ser humano más completo y más capaz de comprender y amar a los demás. Desafortunadamente, quizá hayas descuidado esta relación íntima contigo si creciste en una familia a la que tu mundo interior no le interesaba.

Si cuando eres niño los adultos menosprecian o ignoran tus experiencias íntimas, te vas convenciendo de que tu mundo interior no merece que lo tomes en serio. Si nadie tiene interés en escuchar tus sentimientos más profundos, te vas desconectando poco a poco de lo que ocurre dentro de ti. De este modo, aprendes a darle la espalda al fértil y generoso mundo interior que hubiera podido sostenerte en toda clase de circunstancias externas.

Quienes se han desconectado de sí mismos menosprecian tanto lo que sienten que empiezan las frases diciendo: «Sé que es una tontería, pero...» o «Es tan insignificante que me abochorna admitirlo». La actitud que tienen hacia sus experiencias íntimas está llena de vergüenza. Como no confían en su saber más profundo, les incomoda lo que de verdad sienten. Sin embargo, tu experiencia interior es quien tú eres. Es responsabilidad tuya percibir y comprender lo que ocurre dentro de ti. Para tener salud emocional, es necesario que estés a tu disposición como lo estarías para una persona querida.

Cuando desdeñas tus sentimientos y tus pensamientos, te da la sensación de que tu mundo interior está vacío, así que empiezas a obsesionarte con las circunstancias externas y con otras personas. Quieres que sean ellas las que llenen el vacío que ha dejado tu descuido emocional de ti mismo, y esto te desconecta de tu mundo interior todavía más, pues refuerza en ti la equivocada creencia de que la seguridad y la motivación solo pueden llegarte de fuera. En estas condiciones, las relaciones acaban siendo frustrantes, ya que buscas desesperadamente que los demás te valoren, como si ellos pudieran darte un valor que ya es tuyo.

Ni toda la actividad social del mundo llenará el vacío que ha reemplazado a lo que debería ser una sólida relación contigo mismo. Cuando juzgas tus verdaderos pensamientos y sentimientos y los rechazas, te creas una vida de ansiosa dependencia en la que nada tiene tanto poder como lo que alguien opine de ti.

Tómate en serio tus experiencias internas. Procésalas plenamente. Date tiempo de calidad para la contemplación. Escribe tus pensamientos en un diario. Anota tus sueños. Aprende a familiarizarte con tu mundo interior a través de la meditación. De este modo, demuestras que te consideras digno de que se te escuche y se te honre.

Es la única manera de afianzarte en tu yo interior, de consolidar la conexión con el ser que en verdad eres. Observa y verás que tu mundo interior utiliza la inspiración y la intuición para impulsarte hacia la felicidad y el bienestar. Solo si tomas la decisión consciente y deliberada de honrar tu saber interior puedes centrarte y dejarte guiar. Una vez que empiezas a escuchar con atención a esa voz interior, sabes cómo te están afectando realmente las cosas.

Tu auténtico yo siempre te hará saber cuándo te has alejado demasiado de quien de verdad eres. Comienza a estar atento y a escuchar la información que te da sobre tu estado interior a través de las emociones, los distintos niveles de energía o los pensamientos inesperados. Tu yo interior supervisa constantemente si eres feliz o no y aumenta o disminuye tu energía para indicarte qué vía de acción es la más favorable cuando consideras distintas posibilidades. Cuanto más armonicen tus pensamientos y tus planes con las necesidades de tu verdadero yo, más ligero, contento y pletórico de energía te sentirás. Cuando notes un creciente interés por algo y se enfoque de lleno en ello tu intención, probablemente habrás dado con un camino que vale la pena seguir. Presta atención y escucha a tu voz interior.

Por el contrario, si notas que la energía decae mientras te planteas algo, probablemente no sea lo adecuado. Un descenso notable de la energía significa que hay poco en esa situación que pueda nutrir a tu verdadero yo. Podría parecer innecesario decir esto, pero es increíble la cantidad de veces que nos sentimos faltos de energía y, aun así, seguimos adelante como si nada porque nos decimos que eso que estamos haciendo es lo que tenemos que hacer. A la larga, como todos sabemos, suele terminar mal.

Está en ti la capacidad de florecer y de enriquecerte a ti mismo como ser humano. No puedes ser bueno con otros si no te valoras a ti mismo primero. Si te sientes culpable y antepones siempre las necesidades de los demás a las tuyas, quizá secretamente esperas que los demás cuiden de ti porque tú no lo haces. Pero no te dejes engañar por la perniciosa idea de que los demás deberían estar más atentos a tus necesidades de lo que tú lo estás.

Si necesitas más pruebas de lo valioso que es tener una buena relación contigo mismo, piensa en todos aquellos que han hecho realidad sus sueños precisamente por dedicar profunda atención a su mundo interior. Les concedemos ese derecho a los actores y actrices famosos, a los científicos galardonados con el Premio Nobel y a los artistas de renombre mundial. A nadie se le ocurre preguntarse si esas personas deberían prestar tanta atención a sus pensamientos e inspiraciones, o si es aceptable que salvaguarden su tiempo y su energía de las exigencias de los demás. Eso es también lo que cada uno deberíamos hacer por nosotros mismos.

2   Tienes derecho a estar aquí

*La autoestima herida es consecuencia de haber
sentido que se rechazaba tu singularidad.*

Cada vez que alguien me dice que tiene baja autoestima, me acuerdo de esa historieta en la que un hombre se queja a su médico de que le duele la cabeza, mientras está sentado en la consulta con una flecha que le atraviesa el cráneo de sien a sien. El chiste está, obviamente, en que el dolor de cabeza debería ser la menor de sus preocupaciones. Lo mismo ocurre con la baja autoestima. El problema de las personas que tienen baja autoestima es más profundo de lo que creen. Su auténtico problema es que, en algún momento de sus vidas, alguien les ha hecho dudar de si merecen siquiera estar vivas.

Son innumerables las personas que se desenvuelven con aparente normalidad, y hacen su trabajo y se ocupan de sus hijos, pero siguen preguntándose si tienen o no derecho a estar aquí. Nunca acaban de tener el convencimiento de que merecen ocupar un lugar en el mundo y de que se las valora. Puede que piensen que se valora el trabajo que hacen y las distintas funciones que cumplen, pero en lo referente a quienes son en esencia, no lo tienen tan claro.

Sin embargo, todo niño y niña llega a este mundo con una plena aceptación de sus necesidades y jamás duda de tener derecho a que se satisfagan, que es la raíz de la autoestima. Aquel que tiene una sólida autoestima conoce la realidad de sus necesidades interiores y sabe que merecen ser satisfechas. Dudar de la legitimidad de esas necesidades socava los cimientos mismos de la autoestima.

Quienes tienen baja autoestima llegan a mi consulta preguntándose: «¿Qué me pasa?». Yo, en cambio, al oírlos pienso: «¿Qué te *pasó?*». Lo pienso porque sé que esas personas no vinieron al mundo sintiéndose defectuosas o dudando de su derecho a estar aquí; es decir, no lo sintieron hasta que el rechazo o la crítica de alguien las atravesó como una flecha.

Pregúntate quién fue en tu caso el que disfrutaba tanto practicando el tiro con arco. Los padres EI suelen llevar colgado un carcaj de comentarios degradantes que disparar en tu dirección, y tener una baja autoestima es exactamente igual que ir por la vida con la cabeza atravesada de flechas: no puedes pensar sin toparte con esas puntas de flecha afiladas, punzantes, que interiorizaste en su día.

La autoestima herida es consecuencia de haber sentido que se rechazaba tu singularidad. Quienes sufren de baja autoestima llevan grabada esta historia en su lenguaje corporal; intentan que en todo momento parezca que están ausentes.

Sin embargo, el anhelo de vida y de pertenencia a este mundo es tan fuerte que quizá llega un día en que incluso las personas tímidas atravesadas por flechas se preguntan por qué tienen tan pobre opinión de sí mismas. Despiertan a su derecho existencial a estar aquí y a expresar lo que necesitan, y su baja autoestima finalmente deja de serlo.

Depende de cada uno de nosotros sentarnos y aceptar que, dado que estamos aquí, este es el sitio en el que nos corresponde estar. Una vez que resuelves esta cuestión, y averiguas quiénes fueron los arqueros en tu vida, ya no es solo que tu autoestima crezca, sino que ese sentimiento se extiende a todo: a la alegría de expresarte y al derecho a protegerte. La autoestima significa que has decidido que tienes derecho a estar aquí y, además, a disfrutarlo.

3   Una identidad equivocada

A nadie le resulta fácil ser quien no es.

Siempre me pone sobre aviso en las sesiones de terapia oír a alguien decir: «Yo no soy así», o la clásica variante de esto: «No soy la clase de persona que...». Cuando alguien habla de sí mismo de esta manera, oigo en sus palabras el estridente eco de un concepto de sí mismo distorsionado. La negación que expresan no suena convincente.

Suena más bien a creencia de segunda mano que esa persona en algún momento adoptó, como comprada en el mercadillo de las opiniones ajenas. Lo que rechaza de sí misma es un rasgo o un comportamiento que no encaja en el estrecho concepto que ha heredado sobre quién es o cómo es. Quizá lo que resuena en esa nota desafinada que me pone sobre aviso es la ansiedad que le produce salirse del concepto que su familia tiene de ella, el concepto que le impusieron unos padres emocionalmente inmaduros.

Un padre o una madre intolerantes o particularmente susceptibles dejan muy claro qué tendencias y comportamientos son inaceptables y merecen un rechazo tajante o un castigo. Y, por el contrario, quizá se muestren contentos y afectuosos si su hijo o su hija actúa en consonancia con lo que ellos consideran correcto.

Cuando la naturaleza de un niño es compatible con la personalidad de sus padres, hay armonía dentro de ese niño porque encaja espontáneamente con lo que sus progenitores esperan de él. Se siente seguro pareciéndose a mamá o a papá, y esa identificación le permite conectar con ellos y tener al mismo tiempo un desarrollo sano. Pero cuando un niño se siente obligado a ser algo que no es para complacer a los adultos, y en especial a los padres EI, muy pronto eso le acarrea ansiedad, vergüenza y depresión. O empieza a sentirse un impostor, o vive con la sensación de que no hace nada bien, pues directa o indirectamente sus padres le han transmitido el mensaje de que debería ser diferente de lo que es por naturaleza. Su vida se convierte así en un esfuerzo constante por encajar.

Los niños de naturaleza cooperativa y maleable —que se ajustan a la descripción de los hijos *interiorizadores* de padres EI—, cada vez que existe una contradicción entre lo que ellos consideran natural y lo que sus padres consideran correcto, harán lo imposible por convencerse de que están equivocados, puesto que sus padres deben tener razón. El niño y la niña interiorizadores se forman una identidad basada en lo que creen que deben ser. Todo lo que no encaja en la idea de sus padres se repudia.

Tal vez esto podría incluso funcionar si no fuera por la tremenda energía que es necesario invertir para *no ser* quien realmente se es. Cuanto más obligado estás a complacer a tus padres, menos energía te queda para desarrollarte y encontrar tu propio camino. Enterrar tu verdadera naturaleza para conseguir la aprobación familiar es física y emocionalmente agotador.

Tus ambiciones, predilecciones, intereses y sueños te dicen quién eres de verdad. Te dirigen hacia aquello que te procura los máximos beneficios en pago a tus esfuerzos. Querer hacer realidad tus sueños te da energía, optimismo y esperanza, puesto que los sueños tienen fuerza en sí mismos. Es posible que, si tu padre o tu madre EI no los aprueban, el conflicto de opiniones te cause ansiedad, pero recuerda que en muchos casos la ansiedad es el efecto inevitable de evolucionar interiormente. Todos nos sentimos un poco nerviosos o asustados cuando probamos un comportamiento nuevo.

Así que si te sorprendes diciendo: «Yo no soy esa clase de persona», pregúntate: «¿Cómo sé que no lo soy?». ¿Es verdad en el fondo de tu alma o lo crees porque te hicieron avergonzarte de tener esos intereses? Un aspecto que me encanta de dedicarme a la psicoterapia es ver a alguien empezar a hacerse estas preguntas al contemplar la posibilidad de ser diferente de la imagen que su familia tenía de él. No hay nada equiparable a la alegría de descubrir que tus inhibiciones y las ideas sobre ti que hasta ahora te han limitado son rasgos de una identidad equivocada.

4 Siéntete orgulloso de ti

*El orgullo es la sensación natural de
deleitarte en tu crecimiento interior.*

Nada crece sin deleite. Los amantes de las plantas lo saben, al igual que los padres que adoran a sus hijos. Mostrar alegría por el crecimiento interior de alguien le da ánimos para seguir probando y avanzando. Los buenos jefes lo hacen, los buenos cónyuges lo hacen y también nosotros deberíamos hacerlo. El entusiasmo por nuestro propio progreso es nuestro mayor estímulo.

El elogio que recibimos de los demás puede ser tan escandaloso como un grito de alegría o tan sutil como una mirada sonriente. Pero sea cual sea la forma que adopte, al recibirlo nos sentimos orgullosos de haberlo hecho bien. En la infancia, los elogios marcan el camino como una luz que nos va guiando. No tiene ningún misterio: basta con seguir la senda que marcan las sonrisas. Al ir haciéndote mayor, aprendes a procurarte tú esa estupenda sensación sintiéndote orgulloso de ti mismo. El orgullo es la sensación natural de deleite en el crecimiento interior.

El problema es que, visto desde fuera, con frecuencia el orgullo sano se confunde con narcisismo. Si te sientes orgulloso de ti, quizá temas que a otros les incomode o que intenten bajarte los humos. Por eso hay personas que, supersticiosamente, se niegan el placer de deleitarse en sus logros para evitar el «merecido castigo». El orgullo ha llegado a considerarse un pecado y tener una alta opinión de nosotros mismos es socialmente inadmisible.

Otra razón de que el orgullo sano haya adquirido tan mala fama es el actual exceso de alabanza hasta del más mínimo éxito del niño: desde concederle puntos positivos en clase hasta la superabundancia de trofeos en la liga infantil de béisbol. A muchos adultos les desagrada este exceso de reconocimientos porque tienen la impresión de que les hace un flaco favor a los niños. De hecho, los estudios han revelado que el niño y la niña a los que se elogia en exceso por sus éxitos suelen acabar mostrando más cautela y menos motivación que aquellos a los que se elogia solo por sus esfuerzos, independientemente de que triunfen o no.

Ahora bien, si tú como adulto estás tratando de hacer cambios favorables en tu vida, debes darte cuenta incluso de los menores avances y sentirte exultante por ellos. Celebrarlos es igual de importante que haber decidido en un principio qué querías cambiar. Cada vez que te regocijas en tus progresos, te estimulas a seguir adelante. El placer que sientes le da al cerebro la indicación de que siga reforzando la orientación de ese cambio de comportamiento.

Por desgracia, en lugar de darte cuenta de los cambios favorables y celebrarlos, puede que te digas a ti mismo que debes tener cuidado de que el éxito no se te suba a la cabeza. Peor aún, puede que te digas que, como te sientes tan bien, a continuación podría ocurrir una desgracia, solo para nivelar las cosas. Así que el cerebro pone freno a esa nueva perspectiva o comportamiento, ya que la mente percibe que hay ansiedad asociada a ellos, no placer.

En lugar de dejar pasar esos buenos momentos, justo ahora que las cosas han empezado a cambiar para mejor, deberías preguntarte cómo lo has conseguido. Si no analizas y celebras lo que has hecho bien, no sabrás cómo conseguirlo de nuevo ni tendrás el entusiasmo necesario para seguir intentando cambiar las cosas. Analizar cómo has logrado una acción que te hace sentirte bien la convierte en algo más que un feliz accidente; tomas conciencia de una habilidad tuya que puedes seguir perfeccionando.

Pararte intencionadamente a sentir alegría por lo que has logrado potencia el proceso de crecimiento. Sin embargo, a muchos les cuesta sentirse orgullosos de sí mismos demasiado tiempo seguido. Les abochorna y se resisten a dar la debida importancia a haber alcanzado algo que de hecho les ha repercutido muy favorablemente. Muchos no creen que sea posible cambiar de verdad e ignoran la evidencia del cambio en cuanto lo consiguen. Les produce tal turbación elogiarse a sí mismos que echan por tierra su logro para no tener de qué alegrarse y poder insistir en que son los mismos de siempre..., que es precisamente la manera de garantizar que seguirán siendo los mismos de siempre.

Si quieres sentirte bien contigo y tener una vida mejor, fíjate en cada progreso que hagas y comprométete a enorgullecerte de todos y cada uno de ellos. Eso no es ser soberbio ni engreído; es aprender a sentirte orgulloso de ti por cada éxito conseguido con determinación y trabajo. Ese cálido resplandor que sientes en el pecho y la sensación expansiva de posibilidad son el resultado natural de haberlo hecho bien. Si te paras deliberadamente a disfrutar el momento, avivarás esa chispa y arderá de continuo dentro de ti el fuego de la motivación. Si la apagas demasiado rápido, no solo extinguirás las buenas sensaciones del momento, sino también tu energía para el futuro. Aprovecha todas las oportunidades que se te ofrezcan de sentirte bien por el hecho de sentirte bien. Aprende a disfrutar de la sensación de orgullo. Es lo que siempre han hecho las personas de éxito para mantener viva su motivación. No serás un egoísta; serás un entusiasta, un *autoentusiasta*. Entonces podrás transmitir ese entusiasmo a los demás.

5   Escucha a tu alma

*Cuando estás en sintonía con tu alma, te
sientes en paz con el mundo.*

Como psicóloga, suelo referirme a la parte más profunda del ser
humano en términos de psicología y llamarla, por ejemplo, *verdadero yo*, en lugar de *alma*. Pero a veces *alma* es la única palabra que
se puede utilizar. Cuando nos referimos a nuestras necesidades y
motivos más profundos, *alma* es el término apropiado. Es un concepto bello y poético capaz de captar nuestra experiencia interior
como ningún otro.

Tu *alma* es la fuente unificadora de tu mundo interior y, como
tal, connota el centro más profundo de tu ser. Llamar *sí-mismo* a
este núcleo personal puede sonar demasiado cerebral o racional y
transmitir la idea de que puede conocerse y controlarse. En cambio, la palabra *alma* tiene una cualidad más profunda y grandiosa,
comunica la sensación de algo más misterioso y primigenio, algo
que tiene sus propios planes y caminos. Escucharme a mí misma no
tiene la profundidad de escuchar lo que mi alma me dice.

Aunque *psicología* significa literalmente 'estudio del alma', en
algún momento los psicólogos decidieron que el alma no era suficientemente científica, así que hubo que eliminarla para que la
psicología fuera considerada una auténtica ciencia. Los psicólogos
renunciaron a su intimidad con el alma y dejaron que la religión
fuera a partir de entonces su apoderada. La psicología se centró en
el comportamiento, la investigación, las pruebas, los mecanismos
de defensa y todo lo relacionado con la mente; todo lo que estuviera más allá de eso, como el propósito de la vida o las cuestiones
espirituales, quedó fuera de sus límites.

En principio, lo único que la joven ciencia de la psicología pretendía con esto era hacerse un nombre, pero abrió una brecha innecesaria entre lo espiritual y lo científico. Fue una lástima, porque comprender el alma es algo que atañe tanto a la religión como a la psicología. A la psicología no le vendría mal cierto misterio espiritual y no estaría de más que la religión le hiciera un pequeño hueco a la ciencia. Ambas forman parte de la experiencia humana y ninguna de las dos tendría por qué rechazar a la otra.

Cuando haces referencia a tu alma, admites que hay una parte de ti fundamental y misteriosa, completamente interior, por lo general subconsciente y de una cualidad sagrada que la hace digna de respeto y reverencia. Además, este centro interior sabe lo que en tu caso es profundamente correcto e incorrecto. Puede incluso causarte daños morales si actúas en su contra. Parece saber para qué estás aquí y si estás cumpliendo o no tu propósito.

Si te convences de que deberías conformarte con cualquier cosa y renuncias a tus sueños, tu alma se entristece y te lo hace saber con un desasosegante anhelo. Podrías incluso experimentar ansiedad o caer en una depresión, síntomas de que te has separado de tu ser más íntimo y has dejado de sentirte completo. Es lo que suele ocurrir cuando tratas de ser algo que no eres, por ejemplo para llevarte bien con una persona EI o satisfacer sus deseos. En cambio, cuando estás en sintonía con tu alma, es patente el sentido de la vida y te sientes en paz con el mundo.

Por tu propia salud psicológica, debes tomarte en serio al alma. Si crees que con tu sola mente pensante puedes indagar en las cuestiones más profundas de la existencia, acabarás muy pronto sumido en una confusión de nociones contrapuestas. Solo la sabiduría del alma te impulsa a una auténtica indagación que conduce a la realización de tu verdadero yo. Quienes prestan atención a las indicaciones de su alma le encuentran más fácilmente sentido a todo y viven con un sentimiento de conexión. Confiar en su alma los lleva a enriquecedoras experiencias.

Y por cierto, escuchar a tu alma no es ser egoísta. «Eres un egoísta» es una acusación tan habitual de los padres EI que tal vez ahora te acuses a ti mismo de serlo con cierta frecuencia. Quiero que entiendas esto: cuando estás en calma y tienes a la vez la vibrante energía que nace de dar prioridad a tus intereses más elevados, es mucho lo que les estás dando también a los demás. Son siempre aquellos que no escuchan a su alma y no sienten esa conexión consigo mismos los que más sufrimiento causan.

He decidido que no necesito saber de dónde viene el alma. Me basta con reconocer que hay algo en nuestro interior que nos da energía y nos guía. Tal vez le hayamos hecho un flaco favor a nuestra alma peleándonos por qué casa ideológica debería habitar. Tal vez no hay ninguna necesidad de que el alma sea objeto de una pelea entre ideologías, como un hijo en una disputa por la custodia. Quizá la idea del alma debería existir al margen tanto de la religión como de la psicología, en su propia categoría de innegable experiencia íntima del ser humano. Quizá eso sea cuanto necesitas saber para actuar en consonancia con ella, por tu bien y por el bien del mundo. Cuando estás en armonía con tu alma, todo va bien.

Expansividad, propósito, plenitud y la sensación de estar conectado con algo trascendente son algunos de los beneficios de respetar el alma. No hace falta que creas en Dios para creer en tu alma. Creer en Dios es solo una de las maneras de tomarse el alma en serio.

Protégete emocionalmente

A veces no es suficiente con que te respetes a ti misma. A veces tienes que protegerte con determinación de situaciones o personas que pueden dejarte sin energía o herir tus sentimientos. Velar por tu seguridad y bienestar es una responsabilidad primordial, ya sea estableciendo límites o asegurándote de que nadie coarta tu vida.

6   Afloja los lazos que te atan

El ADN no es una condena a cadena perpetua.

Los seres humanos hemos ideado muy diversas maneras de firmar y rescindir acuerdos de relación. Contraemos matrimonio con una licencia matrimonial y nos divorciamos con una sentencia de divorcio. Creamos sociedades mercantiles con un contrato y liquidamos nuestras deudas con un certificado de deuda cero. En la mayoría de los casos, nos gusta saber dónde y cuándo empiezan y terminan las relaciones.

Pero hay un tipo de relación que no está regulado con tanta claridad, y es la relación entre los hijos e hijas adultos y sus padres. La ley define las obligaciones de los padres hacia sus hijos e hijas menores. Y reconocemos también, sin necesidad de formalidades, que tienen derecho a repudiar o desheredar a un hijo o hija adultos de cualquier edad. Sin embargo, no tenemos palabras para referirnos al caso de un hijo o hija adultos que deseen finalizar todo contacto con su padre o su madre. No hay ceremonia, ni documento legal, ni nada con que señalar ese acontecimiento.

Muchas veces, para evitar tener problemas con sus progenitores, el hijo o la hija sencillamente se van a vivir lejos de ellos. Pero no todos lo hacen, y entonces la relación con sus padres EI puede ser auténticamente problemática, porque estos padres se creen con derecho a importunar a sus hijos adultos siempre que les apetezca, tanto si estos lo aceptan como si no. Su inmadurez emocional les impide sentir la empatía que se necesita para tener relaciones de respeto.

Al parecer, los padres EI son incapaces de imaginar lo que sienten sus hijos adultos. No están dispuestos a admitir que establezcas límites en la relación. Tratarán de hacer que te sientas culpable, para obligarte a mantener con ellos un contacto que quizá tú no deseas, y harán oídos sordos a cualquier petición tuya de espacio o de un trato respetuoso. Los padres egocéntricos actúan como si tu vida les perteneciera tanto como la suya y se sienten desconcertados y ofendidos si rechazas de plano semejante idea. Esto posiblemente vaya seguido de toda clase de transgresiones, desde inmiscuirse en tu vida personal hasta imponerte su opinión sin que se la hayas pedido. Los padres que entran sin llamar, que te dicen siempre en qué te estás equivocando o que se empeñan en hacerte regalos que tú no querías son ejemplos de esa sensación malsana de creerse con derecho a todo.

Quizá tú nunca has considerado que esta clase de comportamientos fastidiosos sean una irrespetuosa violación de tu espacio personal, y por el contrario te sientes mal por querer evitar a tus padres. Hay casos en que el hijo adulto está condicionado hasta tal punto a creer en las buenas intenciones de sus padres —que siempre quieren lo mejor para él— que si algún comportamiento de ellos le causa malestar, piensa que es él quien tiene un problema. Como consecuencia, acaban asaltándole la ansiedad y los remordimientos cada vez que «culpa» mentalmente a sus padres de hacerle daño.

Si les dices que un comportamiento suyo te ha herido, estos progenitores no darán la menor importancia a la angustia que sientes y te responderán que esa no es razón para que te enfades con ellos. Están convencidos de que son unos padres entregados, cariñosos, que solo quieren ayudarte. Pero el puño de hierro que esconden en el guante de seda es un sentimiento férreo de que aún les perteneces, como si fueras una extensión de ellos. Intentan controlarte haciendo comentarios críticos sobre cualquier decisión que tomes sin haber tenido en cuenta sus sentimientos por encima de todo.

Muchas veces, finalmente el hijo adulto les pide a sus padres con claridad que respeten su espacio y lo dejen vivir, y a continuación ve que siguen haciendo lo mismo de siempre. Como hija de esos padres, sientes desconcierto e impotencia. Era de suponer que establecer límites funcionaría, ¿no? ¿Qué estás haciendo mal, para que tu padre o tu madre EI continúe ignorando lo que le pides? La respuesta es que, por muchas técnicas de comunicación asertiva que hayas aprendido, ninguna es tan rotunda como su negativa a oír la palabra *no*.

Algunos padres se burlan al oír a su hijo o su hija adultos decir: «Necesito que respetéis mi espacio»; les suena a jerigonza psicológica, dicen, o ridículamente formal. Para ellos eres un simple satélite que orbita alrededor de sus necesidades, sin duda mucho más importantes que las tuyas. Si no aceptas que las cosas son así, cuenta con que se sentirán heridos, se quejarán y, seguidamente, se indignarán.

Cada vez que tratas de proteger tu espacio, acabas con la sensación de que has empeorado las cosas. Querer comunicarte de verdad con tus padres sobre vuestra relación ha herido sus sentimientos y solo recibes críticas, no cooperación. Se palpa en el aire su resentimiento hacia ti por el dolor que tus palabras les causan, todo lo contrario de lo que tú pretendías. Ahora te sientes castigada por querer protegerte y egoísta por haberles causado tal desazón.

En algunos casos, si tu padre o tu madre se niega rotundamente a oír, no tienes más remedio que retirarte de la relación. Tal vez debas poner unos límites tajantes, quizá incluso dejar de tener contacto con ellos. Les haces saber que estás siempre abierta a un acercamiento y una reconciliación, pero que es necesario que respeten lo que les has pedido para que la relación pueda seguir. Si se reanuda la relación pero el padre o la madre EI no son capaces de respetar eso, tal vez tengas que volver a interrumpir el contacto.

Hay quienes se sienten culpables por no estar honrando a su padre o a su madre, sin pararse a pensar en lo que significa realmente ese mandamiento bíblico. Si lo lees con atención, verás que ese mandamiento no dice que debas amar a tu padre y a tu madre ni que tengas que pasar las tardes con ellos. Tampoco dice que nunca debas decirles respetuosamente que no. Ese mandamiento significa solo que debes tratarlos con el respeto que merece una persona mayor. Da a entender que también podríamos honrarlos haciendo de nosotros mismos personas dignas. Lo curioso es que quienes más culpables se sienten por esta cuestión suelen ser precisamente aquellos que han sido modelo de tolerancia con los caprichos y exabruptos de sus padres.

El ADN no es una condena a cadena perpetua. Por mucho que tus padres te hayan dado el don biológico de la vida y por mediación de ellos estés aquí, no les perteneces hasta el fin de tus días. El niño y la niña se hacen mayores, y a todos nos llega el momento de irnos de casa. Si tus padres no están dispuestos a jugar limpio, no tienes la obligación de relacionarte con ellos. Siempre los puedes honrar desde la distancia.

7   El propósito de poner límites

Verbalizar qué límites consideras necesarios es solo una forma de expresar tus preferencias.

Si eres una persona sensible y empática que creciste con un padre o una madre EI, puede que te resulte difícil pedir que se respete tu espacio. Como te importan los sentimientos de los demás, sueles sentirte culpable por establecer unos límites. Quizá te preocupa que, si dices que no a algo, el otro piense que te da igual lo que sienta, que eres una egoísta o incluso que estás tratándolo con desprecio. Y tú no quieres que nadie se sienta mal.

Tal vez parte del problema esté en la dureza de las frases que utilizamos. Decir que necesitamos *establecer unos límites* nos suena como si estuviéramos rechazando a alguien de plano, sin ningún tipo de empatía. Pero la decisión de poner límites no tiene por qué ser insensible ni llevar implícito un afán de control; puede ser simplemente una forma positiva de *darte el espacio* que necesitas. Date cuenta de que tu intención es hacer sitio para *ti*, no agredir a los demás. Verbalizar qué límites consideras necesarios es solo una forma de expresar tus preferencias. No es más que manifestar con sinceridad lo que necesitas para poder relajarte y estar tranquila.

Desgraciadamente, las personas dominantes, como es el caso de muchos padres EI, suelen reaccionar con resentimiento y prepotencia cuando no te comportas como les gustaría. Reaccionan como si respetar tu bienestar fuera a robarles el suyo. Pedirles que respeten tu espacio atenta contra su sensación de que tienen derecho a todo. En realidad, te acusan de ser injusta por objetar a sus intromisiones. Aunque en retrospectiva es fácil ver el carácter coercitivo de esta clase de comportamiento, es posible que en el momento te pille desprevenida y te calles, porque detestas ofender a nadie o que nadie se disguste contigo. Por eso es tan importante que entiendas que la decisión de poner límites es una simple forma de salvaguardar tu espacio personal y tu libertad de elegir. No eres insensible por expresar tus preferencias. No tiene sentido ser tan empática con ellos que te olvides de cómo te sientes *tú*.

En el pasado, las técnicas de asertividad recomendaban plantar cara a los demás de forma inflexible, obstinada, insistente y defensiva. Pero en realidad nada de eso es necesario. Cuando alguien te presiona demasiado, lo único que tienes que hacer es mantenerte fiel a ti misma y verbalizar una y otra vez tus preferencias. Ningún acosador emocional tiene derecho a decirte qué circunstancias deberían resultarte aceptables.

Comunicar tus límites es especialmente importante en las primeras etapas de una relación, ya que te da ocasión de ver lo que ocurre cuando no aceptas lo que la otra persona quiere. En su pódcast *One Broken Mom*, la presentadora Ameé Quiriconi explica que introducir pequeños límites en los comienzos de una relación es una forma estupenda de averiguar si esa persona a la que acabas de conocer respetará tu individualidad o intentará controlarte. Expresar tus preferencias y pedir que se respete tu espacio comunica en realidad algo íntimo. Un buen candidato para una relación disfrutará oyéndote hablar de los límites que consideras necesarios, porque será una forma de saber más de ti. De hecho, apreciará tu sinceridad. Establecer un límite es mostrar cómo eres, lo cual te hace un poco vulnerable, y es por tanto un regalo para la relación: le estás diciendo a la otra persona que te gusta lo suficiente como para ser sincera con ella. Alguien que quiera conocerte lo apreciará.

Quien se sienta seguro no tendrá ningún deseo de transgredir tus límites; *querrá* saber cómo te sientes. Cuando pides espacio, una persona respetuosa mostrará quizá curiosidad o comprensión, pero no reaccionará presionándote, con argumentos ni contraofertas. Para los individuos considerados, todo el mundo tiene derecho a decir «no». Los egocéntricos, en cambio, creen que nadie tiene derecho a rechazar lo que ofrecen.

Pedir espacio o rechazar un ofrecimiento no es una agresión. Si alguien se ofende porque pones un límite legítimo, esa reacción exagerada es una señal que te alerta de su inmadurez emocional. No les des más importancia a sus sentimientos heridos de la que realmente tienen. Simplemente estás comunicando lo que necesitas para sentirte lo mejor posible. Nadie que sea maduro y comprensivo te hará sentirte mal por necesitar sentirte bien.

8 Por qué estás tan agotada

La fatiga emocional es físicamente real.

¿Alguna vez has tenido una interacción con alguien que te haya dejado literalmente exhausta? Bien, entonces conoces el particular tipo de fatiga que causa el *trabajo emocional*. Después de algunas experiencias de interacción emocional, puede que te sientas más agotada que si hubieras corrido una maratón. El esfuerzo físico cansa, por supuesto, pero el esfuerzo emocional te deja en un estado en el que parece que te hubieran absorbido la fuerza vital. Esta clase de fatiga va más allá del cansancio que sientes en los músculos; te dice que tu cerebro ha estado trabajando a velocidad de vértigo, consumiendo glucosa con voracidad y aumentando el flujo sanguíneo en algunas zonas cerebrales que consumen muchísima energía. Acabas de estar haciendo ejercicio neurológico intensivo a ritmo extenuante.

Las personas emocionalmente sensibles, como es el caso de los hijos interiorizadores de padres EI, son muy propensas a dejarse agotar por atender a los requerimientos de los demás. Si eres así, tu abundante empatía te hace responder a cualquier petición de consuelo y atención que te dirijan. No solo eso, sino que la agudeza perceptiva que activa tu sensibilidad te hace captar hasta la menor desarmonía que haya en cualquier individuo. Y en cuanto percibes en alguien el más mínimo malestar, las *neuronas espejo* de tu cerebro empiezan a dispararse y te someten a una sesión de ejercicio empático intensivo que adquiere vida propia hasta que te despides de esa persona. La realidad es que reflejar involuntariamente su malestar provoca una sobrecarga del sistema nervioso, porque te hace devanarte los sesos tratando de encontrar soluciones a su situación.

En los inicios de la psicología moderna, se establecía una conexión más directa de los síntomas emocionales con el sistema nervioso. Se hablaba de *agotamiento nervioso*, *neurastenia*, *neurosis* y *crisis nerviosa*. Aunque sean términos ya anticuados, eran en cierto sentido más plásticos, puesto que reconocían la conexión entre la angustia y el sistema nervioso físico real. Reconocían que las personas se sentían mal porque su sistema nervioso estaba sobrecargado. Ahora hablamos de *trastornos emocionales* y de *psicopatología*, pero me gustan los términos antiguos porque relacionaban los síntomas emocionales con el cuerpo físico. Pero ¿cómo es posible que hacer uso del sistema nervioso nos canse hasta ese punto?

Uno de los aspectos más interesantes del sistema nervioso es que no solo es responsable de hacer, sino también de *no* hacer. El sistema nervioso realiza dos tipos de procesos: iniciar la acción e inhibir la acción. Cada vez que refrenas el impulso de actuar, estás haciendo tanto trabajo o más que si realmente hubieras dicho o hecho algo. La expresión *morderse la lengua* es una buena imagen de cómo una parte del sistema nervioso se cierra como un cepo para detener la acción de otra parte. Y esto consume energía.

Parece que aquellos que actúan impulsivamente y con resolución estén gastando muchísima energía, pero quienes se paran a pensar y contemplan distintas posibilidades para resolver un problema (en lugar de saltar a la acción) gastan todavía más. Esto significa que las personas empáticas, autorreflexivas y preocupadas por ayudar a los demás agotan constantemente sus baterías neurológicas con el esfuerzo interno. Si es tu caso, no resulta obvio que estés gastando energía, ya que no hay una acción física externa a la que responda ese gasto, pero por dentro estás batallando con las emociones, controlando reacciones, considerando posibles desenlaces de lo que esté pasando e intentando encontrar no cualquier solución, sino la mejor solución. Y la realidad es que esto consume más energía que ser reactiva e impulsiva.

Cuidar de las relaciones y educar a los hijos con amor y comprensión nos exige complejas inhibiciones neurológicas que requieren más esfuerzo que reaccionar a ciegas. Por ejemplo, mandar callar a un adolescente que nos habla con actitud desafiante requiere menos energía neurológica en ese momento que escucharlo, calmarlo y conseguir que colabore con nosotros en vez de en contra nuestra. Adoptar una postura comedida nos da mejores resultados a la larga, pero, para poder hacerlo, antes hemos tenido que pagar el precio de activar en distintas zonas del cerebro puntos estratégicos que consumen muchísima energía. Los pacificadores trabajan con intensidad en su interior utilizando sistemas cerebrales que los alborotadores no saben siquiera que existan.

Menos mal que hay personas que utilizan el cerebro para apaciguar a los demás y encontrar soluciones constructivas, ya sea en el trato con un niño o en la política mundial. Ahora bien, este alto nivel de madurez supone un extenuante ejercicio físico para los nervios y las neuronas, que hacen trabajar al cerebro a doble jornada para dar con la combinación óptima de inhibición y acción.

Así que ahora ya sabes que esa peculiar sensación de agotamiento físico que te produce la fatiga emocional es físicamente real, pues proviene de tu sistema nervioso. Si entiendes que es un cansancio con fundamento, tal vez estés más dispuesta a concederte el merecido tiempo de inactividad tras realizar esos hercúleos esfuerzos emocionales que son habituales en ti.

No es que el sistema neurológico necesite una total desconexión tras un esfuerzo mental; solo necesita dirigir la atención a algo diferente. El sistema nervioso nunca deja de estar activo; incluso mientras dormimos, seguimos respirando y tenemos sueños. Pero tras un gran esfuerzo, quiere cambiar de actividad, ya que eso relaja al cerebro. De ahí que sea tan importante que los cuidadores y quienes tienen que tratar con personas difíciles y dominantes, como por ejemplo los padres EI, dispongan de tiempo para salir de casa y dedicarse a otras actividades y diversiones que les ayuden a recuperar la energía. El cerebro cuando está cansado quiere entrar en un estado en el que no le haga falta estar alerta, ni pensar en nadie, ni inhibir pensamientos e impulsos. Por eso es tan relajante reírse con un programa de televisión o pasar un rato con unos buenos amigos. El cerebro puede dejarse llevar, ya no tiene que estar pendiente de refrenarse. El funcionamiento mental libre y sin oposiciones es relajante y energizante.

Si alguna vez te oyes preguntarte: «¿Por qué estoy tan cansada, si no he hecho nada en todo el día?», detente y recapacita. Sí, claro que has estado haciendo. Piensa en todas esas palabras que no has llegado a pronunciar, en todos esos impulsos destructivos a los que te has negado a prestar atención. Desde el punto de vista de tu cerebro, ha sido un largo día de trabajo. De parte de todos los demás que nos hemos beneficiado de tus esfuerzos sin saberlo, gracias por todo el trabajo que has hecho sin que ni siquiera nos diéramos cuenta.

9 Curarnos de las heridas emocionales

Una herida emocional te hace reencontrarte
con tu corazón, si lo permites.

Antes de que podamos curar una herida emocional, tenemos que aceptarla. Muy a menudo, rechazamos las heridas emocionales y los agravios como si fueran una interrupción innecesaria, indeseada, que no viene al caso y que interfiere en nuestro progreso. Es comprensible que quieras dejarlos atrás lo más rápido posible para seguir adelante con tu vida. Pero ¿y si resultara que esos sentimientos heridos son cruciales para que puedas madurar? ¿Y si fueran piezas fundamentales para tu singular desarrollo como ser humano?

Qué cosas te hieren define tu individualidad. Decía Tolstói que las familias felices son todas iguales, pero cada familia infeliz lo es a su manera. Lo mismo ocurre con nosotros como individuos. La forma en que te afectan tus heridas emocionales es tuya particular.

Además, las heridas emocionales ablandan en nosotros esa parte endurecida que quiere por encima de todo ser especial y estar al mando. Esta parte egoísta vive con miedo de cualquier circunstancia o persona que no esté al servicio de sus objetivos inmediatos, que son el placer y el control. Cree que lo único que importa en la vida son el poder, la posesión y la protección. Todo lo juzga, culpa a todo y a todos y salvaguarda sus derechos poniendo a cada cual en su lugar. A veces, es necesaria una herida emocional para atravesar sus defensas.

Tus heridas emocionales —los sentimientos heridos, las traiciones y las pérdidas— revelan lo que de verdad te importa. Una herida emocional te hace reencontrarte con tu corazón, si lo permites. El dolor emocional te sumerge en tu naturaleza más profunda y en una relación más genuina con los demás. Si lo permites, tus heridas emocionales te abrirán a una experiencia de la vida mucho más significativa y profunda de lo que el ego, obsesionado con el control, jamás podría imaginar.

Cualquier proceso de curación, física o emocional, está regido por la naturaleza. La naturaleza se toma en serio las lesiones —ya seas animal, humano, planta o árbol— y aplica energía y recursos para asegurarse de que cada punto debilitado se fortalece. Por ejemplo, un árbol desarrolla gruesas espirales de corteza alrededor de las heridas, lo que significa dedicar a una buena reparación parte de la valiosa energía de que dispone para crecer. Los seres humanos nos curamos las heridas emocionales procesándolas mentalmente, experimentando a fondo cada sentimiento y sensación y honrando nuestra vulnerabilidad en el momento. También nos sanamos emocionalmente con palabras, hablando con alguien de lo que sentimos. Ese pensamiento y esa necesidad de hablar obsesivos son como el enrojecimiento y la inflamación que se producen tras la herida; puede parecer que empeoran las cosas, pero el cuerpo y la mente quieren conseguir una curación completa, no un apaño rápido. La naturaleza se toma su tiempo para reconstruir nuestra corteza.

Por desgracia, como a nuestro ego solo le importa tener el control, piensa que dedicar tiempo a procesar las heridas emocionales es casi patológico. En muchos casos, si alguien ha sufrido una herida emocional se lo anima a que no piense más en ella y siga con su vida. Es como si tuviéramos un miedo enfermizo a quedarnos atrapados en el dolor emocional y ya no salir nunca de él. Lo mismo hacemos con la pérdida y el duelo; sentimos la presión de volver cuanto antes a la vida normal. Es comprensible, claro, ¿quién quiere sentir dolor? Pero hay una pregunta más importante, que es: ¿quién quiere ser incapaz de sentir dolor?

La clave para la curación emocional es aceptar que, después, probablemente ya no seremos los mismos que éramos. Cuanto más luches contra esta verdad, más tardarás en curarte. Es mejor aceptar que la curación emocional suele dejar cicatrices. La curación no es como una goma de borrar mágica: el objetivo no debería ser que hagas como si nunca te hubiera pasado.

Puede que no necesitemos buscar un significado a un hueso roto o a un corte en un dedo, pero un corazón roto o una aplastante decepción nos piden que comprendamos el dolor que sentimos y le encontremos sentido a la experiencia. No es que sea fácil responder a esa petición cuando la herida es profunda, pero parece ser la particular forma de curarnos que tenemos los humanos. Las heridas emocionales son como huéspedes indeseados que, sin embargo, con el tiempo nos enseñan mucho sobre nosotros. El reto es encontrar la manera de tener una buena relación con ellas a pesar de que nos hayan causado un gran dolor.

A veces tardamos mucho en curarnos emocionalmente, e incluso entonces, no es como si nada de ello jamás hubiera ocurrido. La curación emocional te cambiará. Solo tú decides si ese cambio será para mejor. Es un poderoso acto de madurez estar dispuesta a sentir el daño e integrarlo en tu vida, en lugar de luchar contra él. El secreto está en encontrarle verdadero sentido al proceso de curación. Para ello, deberás darle conscientemente un lugar central en tu vida y dedicarle la atención, el tiempo y la reflexión necesarios para ir creando poco a poco un tejido hecho de sabiduría y compasión alrededor de todos los lugares heridos. Como el árbol, puedes ser más y no menos, después de una herida emocional, pero solo si te tomas en serio la curación.

10 Limpia tu mente de virus

Cualquier pensamiento que te haga sentirte desesperanzada o te provoque remordimientos es probablemente algún tipo de malware.

Es frecuente utilizar la analogía del ordenador para referirnos al funcionamiento de este órgano milagroso que es el cerebro. Y lo mismo que un ordenador, tu cerebro es muy vulnerable a la invasión de programas maliciosos que dañan su sistema operativo. En el mundo de la informática, estos programas malignos se conocen en conjunto con el nombre de *malware*, pero individualmente se les dan nombres como *virus, troyanos, gusanos* o *programas espía*. Algunos de estos ataques son descargas de *software* automáticas (*drive-by downloads*) que convierten al ordenador en un zombi. Ya sea el objetivo de los programadores apoderarse por completo de tu ordenador o simplemente enredar con algunos archivos, el caso es que han podido instalar esos códigos maliciosos porque han conseguido acceso remoto sin tu autorización consciente.

Si eres una usuaria inexperta, tal vez no te des cuenta de la presencia de un virus hasta que el ordenador empieza a hacer cosas raras. En cambio, si en ese momento se lo llevas a un técnico informático, él sabrá detectar los virus y empezará a limpiar el sistema. Cuando se trata de virus mentales, eso mismo debes hacer tú. Solo tienes que saber cómo.

El *malware* mental puede introducirse en el cerebro a cualquier edad, con tal que de el programador sea lo bastante carismático o tenga suficiente autoridad. Pero los programas maliciosos más influyentes empiezan a instalarse en la infancia, cuando se nos inculcan las normas de comportamiento social y se nos hace creer todo tipo de cosas que les facilitan la vida a los adultos que se ocupan de nosotros, en especial a los padres emocionalmente inmaduros. Dado que esos virus de socialización se basan más en la conveniencia que en la lógica, suelen ser una confusa mezcolanza de mensajes contradictorios. Y cuando esas órdenes contradictorias aparecen simultáneamente en el cerebro, nos quedamos paralizados entre dos pensamientos antagónicos igual de insistentes.

El primer paso para corregir los errores de programación en el ordenador mental es que te des cuenta de que probablemente el programa malicioso se instaló antes de que tuvieras edad para distinguirlo de la programación fiable. Sin duda, te dieron el mensaje de que las instrucciones eran por tu bien. Pero por norma, cualquier pensamiento que te haga sentirte culpable o una inútil incorregible es probablemente alguna forma de *malware*. La culpa y el remordimiento legítimos suelen ser sentimientos de acción rápida que nos impulsan a corregir un comportamiento. Cuando realmente hemos hecho algo mal, sentimos con intensidad el impulso sano de repararlo. En cambio, el programa mental malicioso te hace sentir únicamente que eres un fracaso.

Al *malware* que se infiltró en la primera infancia le gusta decirnos que ciertos pensamientos y sentimientos son malos; nos hace avergonzarnos de nuestras reacciones naturales y nos confunde sobre nuestros motivos. Por supuesto, este *malware* se encarga de que te sea imposible detectar sus tácticas de control. Así, tu vida está dirigida por un código invisible que se instaló en la infancia y que pretende ser tu conciencia, que te hace malgastar una cantidad ingente de tiempo y energía mental intentando pensar de la manera correcta y sintiéndote una fracasada cada vez que cometes un fallo. Te has convertido en la perfecta anfitriona de un virus que te dice que nada que hagas será nunca suficiente.

Una buena forma de detectar estos virus es anotar cualquier pensamiento que te haga sentirte mal contigo misma. Cuando al final del día los hayas anotado todos, te harás una idea aproximada de hasta dónde se ha extendido este gusano informático en tu sistema operativo y domina tu pensamiento. Recuerda que el *malware* cerebral se caracteriza por mensajes contradictorios, valores mutuamente excluyentes y mandamientos absolutos plagados de excepciones. Si tu pensamiento se rige por él, no acertarás jamás.

Una vez que detectes el efecto del virus, el siguiente paso es identificar su código fuente, es decir, la regla draconiana a la que responden tu sentimiento de culpa o tu baja autoestima. Esa escueta afirmación podría ser que una hija debe amar a su familia para siempre o que los padres tienen siempre la autoridad y la razón. Podría decir, por ejemplo, que es malo que veles por tus intereses, pero que triunfar en la vida es bueno. (Intenta hacer que esta combinación funcione). Verás que esas afirmaciones categóricas no se sostienen, que ni siquiera tienen sentido.

Después de esto, tu trabajo consiste en sacar a la luz el código del virus, desprogramarlo y darle la patada a ese troyano. Para ello, contempla cada pensamiento que te cause malestar hasta que sea obvia su falta de lógica e intuyas su posible origen. Cuestiónalo, rebátelo con argumentos de peso y somételo a un contrainterrogatorio como si fueras una abogada en un juicio. Poco a poco, irá perdiendo su poder sobre ti. Cuando comprendes que de niña te programaron sin tú saberlo, empiezas a observar con serenidad los efectos nocivos de esa programación y dices interiormente *no* cada vez que empieza a hacer que te sientas mal contigo.

Para reprogramarte, escoge ahora creencias adultas que te fortalezcan y que tengan sentido en el mundo de los adultos. Si quieres, puedes hacer una lista de dos columnas y escribir a la izquierda una vieja creencia y a la derecha una creencia nueva; verás que no puedes ser fiel a ambas, puesto que no es posible que las dos sean verdad. Cuando te sientas preparada para decir definitivamente adiós a la vieja creencia infectada por el virus, táchala, literalmente. Tu padre o tu madre EI no sabían que el virus que te habían implantado acabaría causándote tantos problemas. Dejar que permanezca en tu cerebro es la más cruel forma de autosabotaje. Como el caballo de Troya, tal vez cuando ese virus se manifieste disfrazado en tu pensamiento te abras a él porque te parezca un regalo de los dioses, pero la sensación depresiva que le seguirá te dirá que ya es hora de cerrar las puertas.

Honra tu mundo interior

El primer paso para cuidarte es empezar a conocerte. Tienes un mundo interior que te intenta guiar a cada momento hacia una vida más feliz y más plena, y solo hace falta que lo escuches. Pero es posible que en la infancia aprendieras a ignorar tus mensajes internos y a hacer lo que otros pensaban que te convenía. Eso ha acabado teniendo un coste muy alto, ya que te predispuso a vivir una vida que no es la que quieres. Así que ha llegado la hora de que empieces a redescubrirte desde dentro, de que estés muy atento para captar las señales que te dicen qué buscar y qué evitar.

11   Distingue la voz interior que es tuya

La voz de tu saber interior te habla con tranquila certeza, mientras que las voces de la sociedad, el ego y tu padre o tu madre EI quieren imponerte siempre algún objetivo.

A nadie le gusta admitir que oye voces. Si alguien menciona algo que le dijo una voz en la cabeza, añade rápidamente que no es que fuera en realidad *una voz*. Pero por supuesto que la mayoría oímos «voces» a cada momento, aquí, en nuestra mente. De hecho, esas conversaciones internas nos ayudan a mantener la cordura. Es lo natural y lo más normal, que los pensamientos adopten forma de palabras que nos permiten conversar con nosotros mismos para reflexionar sobre las cosas.

Lo que me fascina es cómo decidimos a cuál de esas voces interiores hacer caso. ¿Cómo sabemos qué voz es una fuente de orientación fiable y qué voz hará que nos metamos en un lío? Muchas personas me han contado que tenían un conocimiento silencioso de una situación desde mucho antes de actuar realmente al respecto. Se acordaban del momento en que una vocecita les había dicho la verdad, aunque ellas todavía no estuvieran preparadas para aceptar lo que les decía. ¿Has tenido esta experiencia? Incluso al cabo de los años, recuerdas que desde el principio sabías que era un error lo que estabas a punto de hacer. Sin embargo, a pesar de lo que sentías o de lo que sabías, hiciste caso de una voz que insistía en que *tenías* que hacerlo.

La voz de tu saber interior te habla con tranquila certeza, mientras que las voces de la sociedad, del ego y de tu padre o tu madre EI quieren imponerte siempre algún objetivo. Si en su día no le prestaste atención, puede que después, en medio del arrepentimiento, te quejes de que te hablara tan bajo: «¿Por qué no me gritó que parara? ¿Por qué no me obligó a salir rápidamente de todo aquello?». Buena pregunta. ¿Por qué te habla en tono tan leve tu voz esencial y ocupa tan poco espacio en tu vida?

Originariamente, esta voz era todo menos velada y pequeñita. Pregúntaselo a la madre de cualquier niño de dos años. A esa edad, la mayoría sabíamos con certeza lo que nos gustaba y lo que no, adónde queríamos ir y con quién queríamos estar. Percibíamos con claridad cuándo alguien nos hacía daño y procurábamos evitar las cosas que nos incomodaban. En origen, nuestra guía interior sonaba con la misma intensidad penetrante que una sirena en la niebla para advertirnos de las rocas. Pero nos enseñaron a desconfiar de ella, cuando sus avisos se contraponían a los deseos de aquellos de quienes dependíamos, en especial nuestros padres. Cada vez que desconfiábamos de ella, se iba haciendo más pequeña y más tenue; pero no desapareció.

A medida que nuestra auténtica voz interior se iba encogiendo, una voz estridente y avasalladora iba abriéndose camino hasta situarse a la cabeza. Una voz que subrayaba todo aquello por lo que debíamos sentir culpa y vergüenza. Una voz que era el eco de las frases que habían utilizado nuestros padres y demás figuras de autoridad EI para hacernos obedientes. Es la voz del ego, y utiliza insistentemente palabras como *deberías*, *es tu obligación* o *tienes que*. Es la voz de la compulsión. Nos convence para que cedamos a los demás el control de nuestra vida y luego nos crea resentimiento contra ellos. La voz del ego tiene una cualidad falsamente imperiosa que nos hace lanzarnos de cabeza a situaciones que otra vocecita susurra: «Eso no es lo que quieres».

La voz estentórea e insistente del ego te apremia tanto que te agota; apenas te paras a recuperar las fuerzas, empieza a recordarte lo que debes hacer a continuación. Es estresante escucharla.

(«¡Tengo tantas cosas que hacer! ¡Debería esforzarme más! ¡Esto es lo que conlleva ser una buena persona!»). Rara vez te das cuenta de que esa voz nunca está satisfecha, de que cuanto más haces por complacerla, más te exige. Aunque te asegure que seguir sus instrucciones te hará mejor persona, por lo general tú te sientes cada vez peor.

La otra voz, la voz que es tuya, tu voz natural de autoconservación, no es compulsiva y te da la posibilidad de elegir. Solo se vuelve pertinaz en situaciones extremas de peligro inminente. En todos los demás casos, se contenta con darte un golpecito en la conciencia cuando empiezas a sentirte inseguro o a disgusto. Es como si *quisiera* que tengas elección, como si estuviera absolutamente dispuesta a dejarte cometer errores y a que aprendas de ellos. Nunca dice: «Te lo advertí», porque no quiere que sientas remordimientos. Simplemente se alegra cuando al fin le prestas atención.

Debería ser fácil saber qué voz es la que de verdad vela por tus intereses. La voz estentórea e inflexible del ego quiere que *obedezcas*. La voz tranquila y tenue quiere que *reflexiones*. Parece decir: «Tómate tanto tiempo como necesites; quiero que estés seguro antes de hacer nada». La voz del ego dice todo lo contrario: «¡Date prisa! ¿Qué más da lo que sientas? Yo te diré qué es lo correcto».

Una y otra voz tienen un estilo de asesoramiento muy diferente. ¿En cuál de los dos tipos de asesor confiarías en el mundo exterior? El que elijas es al que conviene que escuches.

12 Para qué sirven las emociones

Las emociones te indican cuándo algo no te conviene.

No puedes elegir si vas a tener o no un determinado sentimiento. Durante mucho tiempo, ha existido en el mundo de la psicoterapia la creencia de que los sentimientos siempre requieren que un pensamiento los preceda. Esto quiere decir que si detectas el pensamiento, puedes arreglar el sentimiento; basta con que pienses algo distinto y te sentirás mejor. Sin embargo, es una idea tan evidentemente incorrecta que me sorprende que llegara a calar de tal manera. Aunque a menudo sea un pensamiento lo que provoca una emoción, no siempre es así. Está claro que puedes tener emociones sin pensar, gracias a los instintos desarrollados a lo largo de miles de años de evolución. No te hacen falta pensamientos, palabras ni conceptos para experimentar una reacción emocional instintiva.

Alguien que grita, una mirada de repugnancia o una cara radiante de alegría activan en tu cerebro las neuronas espejo que te hacen sentir el estado emocional de otra persona. Y no porque eso que ves te provoque primero un pensamiento negativo o porque te dejes afectar por ello. Esos comportamientos van directos a los centros emocionales de tu cerebro, tanto si lo permites conscientemente como si no. Si nos remontamos a los orígenes de la humanidad, la reacción emocional a la expresión corporal de nuestros iguales fue la forma de comunicación más antigua, anterior al lenguaje. Las expresiones faciales de los seres humanos reflejan las mismas emociones básicas en todas las culturas. Son mensajes universales que leemos al instante, y revelan el estado emocional de otras personas y las intenciones que tienen hacia nosotros. Como ser humano, captarás significados emocionales a un nivel sutil aun sin proponértelo. A medida que el ser humano fue evolucionando, la mayor amenaza para él empezaron a ser los demás seres humanos. Ser capaz de calibrar rápidamente las intenciones de un extraño podía constituir la diferencia entre la vida y la muerte. También el comercio con otros grupos se hizo posible, porque sus miembros detectaban por instinto si un desconocido era o no de fiar.

En tiempos modernos, sin embargo, la mente se ha vuelto rebelde y altiva. Ahora se fija objetivos sin prestar la menor atención a las emociones que eso le provoque. Quienquiera que consiga hacerte aceptar una idea —sobre todo si va en contra de tu sentir más profundo— se adueña de tu alma. Este ha sido durante siglos el objetivo de los manipuladores de mentes, y los padres emocionalmente inmaduros también lo hacen. Una vez que te han condicionado a confiar más en tus pensamientos que en tus sentimientos, pueden hacerte creer que encontrarte en situaciones dañinas y con personas que te explotan es necesario en tu vida e incluso beneficioso.

Las emociones son como los canarios en la mina de carbón.* Tus sentimientos te indican cuándo las condiciones no te convienen. Te dan la señal de peligro mucho antes que el pensamiento consciente. Las emociones tienen un único propósito en tu vida, que es hacerte prestar atención a una información de vital importancia sobre la situación en que te encuentras. Si no las escuchas, subirán el volumen. En gran parte, la psicoterapia consiste en aprender a respetar esos mensajes.

Pero no siempre necesitamos de la psicoterapia para sentirnos mejor. La disposición a explorar tus sentimientos mediante la autorreflexión o la escritura puede ayudarte a descifrar esos mensajes, y hablar con un amigo de confianza puede sacar a la luz tu

---

* N. de la T.: El autor hace referencia a un primitivo método de detección. Durante siglos los mineros descendían a las minas de carbón con un canario en una jaula. El canario sufre los efectos de los gases tóxicos mucho antes que los humanos. De tal forma que, si el canario mostraba síntomas o incluso moría, era una señal clara de que se estaba produciendo una emanación de gases tóxicos.

verdad emocional de una forma sanadora. Tus emociones no son absurdas, inútiles ni pretenden alterarte sin motivo. Son tus centinelas. Tu bienestar integral es su única razón de ser, y te salvarán cuando te decidas a escucharlas.

13   Por qué sientes pavor

A veces, la solución a un problema está en
alejarse de él, no en intentar resolverlo.

El pavor es el verdadero sur de nuestra brújula emocional; su indicación es más fiable que la de prácticamente cualquier otro sentimiento. Todos conocemos el pavor, esa espantosa sensación de estar hundidos que nos impide dar un solo paso. Como un perro al entrar en la consulta del veterinario: esa es la imagen del pavor.

No hay nada como una punzada de pavor para saber que vas en la dirección equivocada. Cuando aparece, da igual lo que te cuentes para convencerte de que no la has sentido. Puedes hacer todas las racionalizaciones que quieras, pero seguirá horrorizándote eso que no es bueno para tu alma.

El problema es que las figuras de autoridad, y en especial los padres EI, te enseñaron probablemente a desconfiar de tus temores, a no hacer caso de ellos aunque fueran reacciones sanas y con fundamento. Si te daba pavor ir a la escuela, te decían que algún día lo agradecerías. Si te aterrorizaba tener que hacer una tarea, te explicaban que aquello te haría más fuerte. Así que ahora, de adulto, si te horroriza tener que hacer algo, tal vez te digas que estás siendo débil. Son ecos de la coerción emocional de unos padres que no te permitieron averiguar qué era en realidad lo que te daba tal pavor. Tus padres EI te dijeron que tus reacciones instintivas eran injustificadas a menos que los demás las consideraran legítimas. Y sus palabras surtieron efecto.

Si pienso en los momentos de mi vida en que he sentido pavor ante algo, veo que, con mayor o menor detalle, en todos los casos tenía razón al intuir que la situación iba a volverse en mi contra.

Prácticamente siempre, una parte de mí sabía de antemano que aquello me iba a costar muy caro.

Si estuviera trabajando contigo para ayudarte a superar tus problemas de crecimiento personal, lograr que confiaras en el sentimiento de pavor sería un gran avance. Porque es posible que, debido a tu condicionamiento temprano, el instinto de evitar a ciertas personas o determinadas situaciones o cosas te inspire más confusión que confianza. Aprendiste la lección: ¿cómo vas a superar tus miedos si eludes aquello que los provoca? Imposible, ¿no? Lo más probable es que de niño te presionaran para que, si querías que algo cambiara, te lanzaras al ataque e hicieras frente a las cosas. Por eso, si ahora sientes el impulso de evitar algo o a alguien que te da pavor, quizá te sientas culpable o incluso te parezca una cobardía. Porque lo correcto es hacer frente a los problemas y superarlos, ¿verdad?

Bueno, eso dependerá de cuál sea tu objetivo. Lo cierto es que no todos los problemas se pueden resolver. A veces, la mejor solución a un problema es alejarse de él, en lugar de empeñarse en resolverlo. Pondré un ejemplo. Una de mis clientas tenía una madre autoritaria que la reprendía continuamente por cada decisión que tomaba. Por mucho que mi clienta le diera explicaciones, pusiera límites o se enfrentara a ella directamente, esta madre se negaba a dejar de expresar sus opiniones envenenadas. No hace falta decir que a mi clienta le daban *pavor* las llamadas de esta mujer. Hasta que un día comprendió que no tenía por qué volver a hablar con su madre nunca más y, si lo hacía, tenía derecho a evitar o esquivar abiertamente cualquier tema que sacara lo peor de su querida mamá. Esta decisión no era señal de debilidad, sino de sentido común.

En algunos casos, evitar una situación tiene sentido, y el pavor nos indica cuándo es así. El pavor puede ser una indicación de que vas a derrochar tu energía tratando de cambiar una situación que no va a cambiar. Puede ser una indicación de que estás a punto de meterte en algo que te va a costar muy caro y no te va a dar nada a cambio.

Creo que uno de los momentos más interesantes del proceso de curación es cuando algún objetivo o actividad en los que hasta ahora te habías empeñado empiezan a darte pavor. Tu corazón ya no está en ellos y la sola idea de intentar darles vida te deja extenuado. Fuera cual fuese la recompensa que eso te daba, ha perdido su atractivo y tu instinto es retirarte de la situación. Ha desaparecido la motivación para seguir haciendo las cosas de la misma manera que siempre. De repente, se ha parado el motor que te activaba lo suficiente como para representar tu papel. A veces, si ya no eres capaz de escuchar lo que tu verdadero yo necesita, el pavor es lo único que todavía puede atraer tu atención.

Si prestas atención a cada uno de esos momentos en que el pavor te advierte de una situación que te hará daño, no se acumularán las experiencias dolorosas y acabarán traduciéndose en un sentimiento de depresión. Si el pavor aparece, significa que todavía sabes qué es lo que *no* quieres hacer. Así es como preservan su bienestar las personas felices. Instintivamente evitan aquello que presienten que les quitará la energía que necesitan invertir en las cosas que les importan. El pavor quiere impedir que te trates mal. Escucha lo que te dice y estarás poniendo rumbo hacia la felicidad y el crecimiento.

14 No te dejes hundir en una depresión

Basta un pequeño consejo que tú no habías pedido
para que de repente caiga en picado tu energía.

Si alguien quiere hundirte, solo tiene que aplicar los tres pasos de una receta muy sencilla: (1) escuchar tu idea o tu deseo y, a continuación, criticarlos y ofrecerte una alternativa más conveniente; (2) presionarte para que aceptes que su idea es mucho mejor que la tuya, y (3), si protestas y te enfadas, decirte que te tranquilices y explicarte con voz pausada y racional por qué su propuesta tiene mucho más sentido.

La fórmula funcionará particularmente bien si esa persona logra convencerte de que la idea que ella propone te ahorrará dinero, tiempo y molestias. Si hace esto mismo cada vez que se te ocurre una buena idea, empezarás a tener problemas para decidirte y poco a poco, sin entender por qué, irás perdiendo la iniciativa. Con el tiempo, empezarás a mostrar los signos clásicos de la depresión: falta de energía, desesperanza, baja autoestima, dudas sobre ti mismo, tristeza, un sentimiento de inutilidad y problemas del sueño. Lo ha conseguido: ya estás listo para consultar a un profesional de la salud mental, que te dará un diagnóstico de depresión. ¿Ves qué fácil?

Curiosamente, el ama o amo de casa son los más vulnerables a este tipo de depresión. Entenderíamos con facilidad que se deprima, por ejemplo, un ejecutivo que trabaja en una empresa y de repente se queda sin empleo o tiene que ocupar un puesto de categoría inferior o amoldarse a una rutina laboral distinta. Por supuesto que ese pobre hombre tiene motivos para estar deprimido, si todos sus esfuerzos por conseguir prestigio profesional y sentirse satisfecho en lo personal se han ido al traste. Es una ecuación sencilla. La entendemos.

Pero la depresión de quienes permanecen el día en casa dedicados a las tareas domésticas responde a menudo a una lenta acumulación de frustraciones difíciles de percibir. Son sucesos cotidianos aparentemente tan insignificantes los que acaban dando lugar al hundimiento emocional que el terapeuta no piensa que puedan ser la causa. Los hechos que a él le llaman la atención son un problema matrimonial, la muerte de alguien de la familia, un hijo difícil; sin embargo, con frecuencia cualquiera de esos sucesos es solo la gota que colma el vaso de una larga serie de frustraciones personales. Somos capaces de aguantar mucho, pero llega un punto en que el menor incidente hace que la cuerda se rompa.

Conocí a una mujer muy deprimida que empezó a sentirse mejor cuando dejó de permitir que su marido hiciera cambios «inocentes» a cada cosa que ella planeaba o decidía. Durante años, en cuanto se le ocurría la idea de hacer lo que fuera, su marido le hacía ver por qué aquello no iba a funcionar y le sugería una alternativa más sensata. Es decir, vivía sistemáticamente privada de autonomía para tomar ninguna decisión.

Si creciste con un padre o una madre EI que necesitaba controlarlo todo, quizá estés acostumbrado a que se descalifiquen tus iniciativas. Es muy sutil la manera en que ocurre, pero a ti te deja desinflado. Basta un pequeño consejo que tú no habías pedido para que de repente caigan en picado tu energía y tu interés. ¿Qué satisfacción o alegría puede haber en materializar la versión que otra persona te da de una idea que era tuya?

Muchos empleados entenderían al instante a lo que me refiero si lo aplicáramos a su trabajo. Saben lo que han sentido cuando alguien se ha apropiado de una idea suya y la ha arruinado o la ha aplicado de forma distinta a como ellos la concebían. Saben lo que es sentirse estafados; conocen la exasperación de ver una idea genial convertida en algo mediocre. Esto es justo lo que les ocurre a muchas amas o amos de casa cuando su pareja sistemáticamente injerta sus ideas en las de ellos o les sugiere que cambien de planes o que los cancelen en el último momento. Por algún motivo, se da por hecho que la persona que se queda en casa ocupándose de las tareas domésticas tiene que tolerar que aquellos de los que cuida echen por tierra cada iniciativa suya, cuando cualquiera de ellos pondría el grito en el cielo si alguien hiciera lo mismo con sus iniciativas en la empresa donde trabajan.

Tus ideas y tus esperanzas de futuro son vitales para tu fortaleza mental. Generan la energía que necesitas para hacer las cosas y te dan la confianza de que tienes el control de tu vida. No olvides que tu vitalidad proviene de tener ideas, simples o complejas, y llevarlas luego a cabo de principio a fin. Quien decida ayudarte asumiendo parte de la responsabilidad o haciéndote sugerencias que no le has pedido —da igual que esa persona sea tu padre, tu madre o tu cónyuge— sencillamente no entiende que el entusiasmo nace de actuar con autonomía, no solo de ver materializado un proyecto. Ten el valor de defender tus decisiones y de hacer planes que sean expresión de tu instinto. Procura rechazar los consejos que los demás crean que necesitas y sé un poco cabezota; quizá sea el precio que tengas que pagar para impedir una depresión.

Ocúpate de tu salud emocional

Las personas EI te exigen que dediques buena parte de tus energías a atender a los demás. Pero ¿y tú? Tu salud emocional depende en primer lugar de cómo te trates a ti misma. Lo que piensas y lo que te dices son la base de tu bienestar psicológico. Para estar contenta con tu vida, fíjate primero en si cuidas bien de ti.

15 En lugar de ser autoindulgente, cuídate

El mejor cuidado que puedes darte es a menudo no hacer nada.

A muchos no se nos da bien cuidarnos. Aunque nos resulta obvio que tenemos que dar de comer al perro, echar gasolina al coche y cuidar de nuestra familia, es como si la idea de ocuparnos un poco de nosotros mismos nos pareciera egoísta o autoindulgente. La ironía es que hay muchas más probabilidades de que seas excesivamente autoindulgente cuando *no* te cuidas. Si pospones sistemáticamente prestar atención a tus necesidades emocionales y físicas, empiezas a ser autoindulgente con cualquier deseo que aparezca, de algo bueno o no tan bueno para tu salud. Si continuamente pones tu bienestar en último lugar, no habrá fuerza de voluntad capaz de contrarrestar el impulso de darte un atracón de lo que sea en cuanto se presente la ocasión.

Es posible que estés ignorando tu fatiga como ignora una madre agotada la rabieta de su hijo en el supermercado. Sin hacer caso de los gritos del niño, la madre empuja estoicamente el carro de la compra intentando concentrarse para terminar lo antes posible. No mira al niño, no le dice nada, solo quiere sacar fuerzas para soportar su desgarradora explosión emocional y conseguir que las bolsas de la compra acaben en el portamaletas del coche.

Al cabo de un rato, es posible que el niño se canse de intentar que lo escuchen y, en lugar de chillar, señale algún objeto y empiece a pedirlo insistentemente. La madre, extenuada, alarga el brazo y mete el objeto en el carro de la compra para tener un momento de paz. Tanto el niño como la madre parece que ahora están más tranquilos. La madre al fin ha respondido al niño, y este se siente momentáneamente satisfecho. En realidad, la indulgencia ha ocupado el lugar de lo que el niño necesitaba de verdad, que era una interacción atenta que lo reconfortara. En vez de eso, la necesidad que tenía de que su madre conectara con él se ha satisfecho indirectamente mediante la intercesión de terceros, por ejemplo una caja de copos de cereal multicolores Fruit Loops. Lo tangible ha sustituido a la cualidad inefable de la conexión afectiva.

Puede que tú hagas lo mismo con tu niña interior cada vez que reclama que la atiendas. Quizá, como la madre del supermercado, ignoras sus señales de angustia y te concentras solo en acabar lo que tienes que hacer. Te empujas a seguir adelante sin hacer caso de la fatiga o el espesor mental. Tienes que terminar cuanto antes para poder descansar un poco, porque ni siquiera te planteas la posibilidad de tomarte un respiro hasta no tenerlo todo hecho. Cuando te permitas descansar, será porque has terminado, no porque te fallen las fuerzas. Estás convencida de que tardarás más en acabar y de que te costará *más* si cedes a la necesidad de pararte. Así que, para darte ánimos, utilizas la treta de empezar a saborear de antemano el premio que te vas a dar en cuanto termines.

Muchas veces no somos conscientes de que esa falta de atención a nuestras auténticas necesidades tal vez sea la misma que sufrimos de niños. Si en tu infancia nadie consideraba que tus necesidades emocionales fueran importantes, es comprensible que ahora quites importancia a tu cansancio de mujer adulta y que la prioridad sea terminar el trabajo: hasta que esté todo hecho, no mereces ni que te escuchen ni que te consuelen. Por tanto te presionas, te impacientas contigo y te obligas a seguir y seguir hasta que todo dentro de ti está a punto de gritar.

Para cuando al fin te pares, la voracidad emocional de la niña angustiada que hay en tu interior será ya incontenible y necesitarás desesperadamente darte un capricho. Esto te llevará a cualquier clase de conducta compulsiva, ya sea irte de compras o tomarte dos o tres copas de vino al final de la jornada. Es como si te dijeras: «Mira, no puedo darte un día libre para que hagas lo que quieras, no puedo darte ni siquiera una hora, no puedo dejarte descansar ni soñar despierta, *pero* puedo darte un capricho en cuanto tengamos la ocasión». Sientes que te lo mereces, después de haberte ignorado tanto tiempo seguido. Pero ¿por qué no dejas de ignorarte?

El ser humano necesita tiempo libre, y no solo una vez terminada la jornada laboral; necesita frecuentes momentos de ocio a lo largo del día. Una buena forma de cuidarte es poner en práctica ese proverbio inglés que dice: «Un cambio es tan reparador como el descanso» y, varias veces al día, hacer un alto en el trabajo y poner tu atención en algo distinto durante un rato. No es casualidad que en muchas empresas de Silicon Valley los empleados dispongan de una caja con pelotas de goma en la oficina, un gimnasio y mesas de *ping-pong*, o que tengan la posibilidad de llevar a su perro al trabajo. La energía nos llega en oleadas, y la manera de aprovecharla al máximo es alternar el trabajo con el juego.

Muchas veces, el mejor cuidado que puedas darte será no hacer nada. Quedarte en calma y dejar que la mente vague sin rumbo te pone de nuevo en contacto con tu naturaleza sensorial y física. La vida parece transcurrir con más suavidad, a ritmo más lento. En cuanto deceleras y el motor se mantiene al ralentí, empiezas a llenarte nuevamente de energía. Olvidarte durante un rato de todos tus quehaceres y sumirte en la ensoñación favorece la creatividad y la salud cerebral. Cuando la atención deja de enfocarse en cada cosa como un rayo láser, la mente se mueve con más naturalidad, revisando e integrando tus experiencias de forma relajada. Yin y yang, descanso y trabajo, conexión contigo misma y compromiso con tus responsabilidades: ambos son necesarios. Si no, puede que acabes buscando con ansia equilibrio mediante el desequilibrio: agotándote y compensándolo con autoindulgencia.

Sé generosa contigo y date lo que necesitas mientras te ocupas de las cosas de tu vida. No se trata de que te apuntes a clases de yoga, sino de que te preguntes cómo te sientes de verdad en distintos momentos del día y te reconectes con tu estado interior. Si te notas inquieta, es hora de tomarte un descanso. Si te sientes sola, tal vez sea el momento de llamar a alguien y decirle exactamente lo que te pasa. Si te sientes vacía, quizá necesites pasar un poco de tiempo con tu yo emocional o espiritual. Ser amable con lo que sientes volverá a llenarte de energía. No te fuerces a seguir con lo que estés haciendo hasta que la única compensación posible a tus esfuerzos sea comerte luego la caja entera de Fruit Loops. Cuando la recompensa que empiezas a visualizar suene demasiado tentadora, probablemente sea una advertencia de que estás haciendo demasiado. Es el momento de cuidarte, no de seguir.

16 La importancia de la seguridad emocional

No es síntoma de inseguridad querer que las personas que te importan den muestras frecuentes de que eres importante para ellas.

Probablemente habrás oído hablar de la reacción de lucha, huida o parálisis ante lo que percibimos como una amenaza. Pero ¿sabías que hay, además, una ramificación del sistema nervioso —la rama vagal ventral— que nos calma y nos devuelve el sentimiento de seguridad tras un momento de miedo? El neurocientífico Stephen Porges explica que esta parte calmante del sistema nervioso responde a la necesidad de comunicación social, y por eso nos mueve a buscar seguridad en la proximidad física de otras personas, ya sea a través del tacto, de una voz tranquilizadora o de una expresión facial afectuosa. Su calidez no solo nos indica que ahora estamos físicamente a salvo, sino también que estamos *emocionalmente* a salvo en su compañía.

El sentimiento de seguridad emocional no es una simple alegría superficial, como un adorno de nata en una copa de helado. Nace de la activación de ese nervio que te impulsa al contacto social, y entonces el contacto con los demás te hace sentirte segura. El sentimiento de seguridad emocional te relaja, te anima a abrirte y a expresarte como eres y favorece por tanto el buen humor en lugar de la tensión o la vigilancia. En este estado, las preocupaciones se atenúan y te sientes presente, centrada y participativa. Las situaciones que más lo propician son aquellas en que estás con personas que te inspiran confianza o inmersa en alguna actividad que de verdad te interesa. Es posible que también te sientas emocionalmente segura mientras paseas por un bosque, juegas con tu perro o pasas unos días de vacaciones en un lugar tranquilo. Cuando se activa el nervio del contacto social, experimentas una relajante sensación de bienestar emocional y profundo contento.

La falta de seguridad emocional en la infancia puede tener efectos en nuestras relaciones adultas. Es difícil que una niña sienta seguridad emocional si está rodeada de personas que por la razón que sea representan para ella una amenaza. Crecer con un padre o una madre EI, incluso aunque nunca hayan recurrido a la agresión física, provoca inseguridad emocional por la tensión que crean sus juicios, críticas o sarcasmos, y que señalan la posibilidad de conflicto. Piensa en cómo te sientes ahora de adulta en un ambiente hostil, rodeada de personas críticas que se irritan con facilidad y se dirigen entre sí miradas poco amistosas. Tu sistema nervioso interpreta acertadamente esas conductas como señales de una situación insegura y pone en alerta el sistema de lucha, huida o parálisis para que, si es preciso, salte al instante. Lo mismo de niña que de adulta, ese estrés puede acabar manifestándose en síntomas concretos y deteriorar tu salud.

Para el niño, encontrarse ante una cara inexpresiva no es una experiencia emocional neutra, sino una posible señal de peligro. Su sistema nervioso interpreta la mirada indiferente del padre o la madre como indicio de un potencial rechazo, una perspectiva aterradora para un niño. Si esto se repite con frecuencia en su vida, lo normal es que, en lugar de sentirse libre para acercarse con confianza a los demás, aprenda a estar siempre en guardia, preparado para huir de inmediato. Luego, en su relación adulta con otras personas, todo lo que no sea una aceptación explícita por parte de ellas puede poner en peligro su seguridad emocional.

De ahí que sean tan importantes las muestras de afecto, atención e interés en las relaciones más íntimas. No es síntoma de inseguridad querer que las personas que te importan den muestras frecuentes de que eres importante para ellas. Es un impulso biológico, para que entres en un estado de conexión neurológica y te sientas a salvo y tranquila. Te habrás dado cuenta de que aquellos que se sienten felices estando juntos responden con naturalidad a las peticiones y manifestaciones de afecto el uno del otro. Las muestras sociales de simpatía e interés no tienen por qué ser ostentosas. La calidez de una mirada sonriente, el breve contacto de una mano en el brazo o que el otro asienta con la cabeza es cuanto necesitas para captar que se te tiene en cuenta y sentirte tranquila.

Y lo mismo ocurre a la inversa. Quizá no eres consciente de lo mucho que contribuyes al bienestar neurológico de otras personas cuando eres amable con ellas y les sonríes de verdad. Cada vez que tienes una interacción cordial con alguien, por breve que sea, haces literalmente que su sistema nervioso entre en un estado de seguridad emocional.

Puedes fortalecer la rama ventral del nervio vago que te impulsa a la comunicación social relacionándote con gente agradable y receptiva. Una interacción cálida, incluso aunque solo dure unos instantes, tonifica este nervio y aumenta la sensación de bienestar. Ese contacto tranquilizador te ayuda a pensar con más claridad, a sentirte más optimista, a iniciar más conexiones emocionales y a disfrutar de las actividades sociales en las que participes.

¿Cómo saber con quién estás emocionalmente a salvo? Lo sabes por cómo te sientes *después* de haber estado con alguien: ¿te sientes más contenta, más animada y optimista, o agotada, insatisfecha y estresada? Y también por cómo te sentías *antes* de ver a esa persona: ¿estabas deseando que llegara el momento, contenta de verla, o temiendo el encuentro y pensando que ojalá pudieras dedicar tu tiempo a cualquier otra cosa? Esas sensaciones reflejan lo segura que te sientes emocionalmente con esa persona. La rama vagal ventral te hará saber quién te agota la energía o afecta a tu estado de ánimo.

Si te propones que las personas que haya en tu vida sean gente que quiera relacionarse y comunicarse de verdad, no solo te sentirás emocionalmente segura, sino que vivirás con menos estrés. El tiempo que pases disfrutando de conexiones emocionales reconfortantes es tiempo que no pasas en situaciones que te crean miedo y estrés. Cuando te des cuenta de lo estresante que es no recibir respuesta a nivel emocional, querrás encontrar relaciones más enriquecedoras. En cualquier circunstancia, puedes confiar en que tu sensación de seguridad emocional te indicará la dirección correcta.

17   Usa tu medidor de equilibrio

Está claro que necesitamos algo que nos impida
seguir ignorándonos a nosotros mismos.

Ojalá fuera inventora. Si tuviera una pizca de capacidad inventiva, estaría en este momento en el garaje. Con los alicates y el soldador ingeniaría el dispositivo más importante para el cuidado de la salud mental jamás concebido. Lo vendería a bajo precio, inundaría Internet de anuncios para promocionarlo, entraría en el mercado internacional.

Imagina una cajita plana de plástico (de colores nuevos cada temporada), lo bastante fina como para poder llevarla bajo la ropa, lo bastante ligera como para que podamos olvidarnos de ella, con sensores en la cara posterior que se adhieren a la piel como un parche medicamentoso. Un dispositivo incomparablemente moderno, pero con una esfera de diseño anticuado en la parte delantera, uno de esos monitores en forma de media luna horizontal con una aguja en el centro que oscila de un lado a otro describiendo un arco de ciento ochenta grados.

No sé bien cómo —esto es para lo que necesitaría esos estudios de ingeniería eléctrica que no tengo—, pero este dispositivo comprobaría dónde está puesta tu atención emocional en todo instante. La zona verde, a la izquierda de la aguja, indicaría cuándo estás concentrada en cómo te sientes y en lo que necesitas. El lado derecho, la zona roja, mostraría cuándo te presionas sin límite para resolver situaciones que no dependen de ti, como los estados emocionales de otras personas o las decisiones que toman en su vida.

Como puedes imaginar, un padre y una madre pasarían mucho tiempo en la zona roja, preocupados por lo próximo que harán sus hijos. Alguien cuya pareja esté enferma entraría quizá en la zona roja a diario. En cambio, alguien que esté dedicado de lleno a una actividad que le apasione se pasaría el día en la zona verde. Si en tu vida hay un equilibrio saludable, alternarías entre una zona y otra dependiendo de la ocasión, pero en situaciones no saludables en las que pasas demasiado tiempo ocupándote de lo que quieren los demás, no saldrías de la zona roja.

Llamaría a mi invento medidor de equilibrio. Este fantástico aparatito revolucionaría la salud mental porque cualquiera podría ver al instante cuánto tiempo pasa en un estado de tensión que lo priva de bienestar. De igual manera que muchos se toman con regularidad la tensión arterial, podrían comprobar este dispositivo y ver que llevan obligándose a estar en la zona roja desde hace, digamos, dos días o, ¡quién sabe!, años quizá. Esto los alertaría para que encontraran la manera de volver al lado izquierdo del dial lo antes posible. Como el medidor de equilibrio sería tan preciso, nadie se podría engañar contándose que ordenar un armario es igual de entretenido que sentarse con un buen libro durante un par de horas. Ni nadie intentaría dar la imagen de que está feliz con su vida solo para que los demás estén contentos.

No podrías negar tus necesidades, porque el medidor de equilibrio no te lo permitiría. Este monitor inteligente estaría programado, como la alarma de un teléfono móvil, para alertarte con un sonido irritante que iría aumentando de intensidad cuanto más intentaras aguantar en la zona roja de la abnegación. Ser un poco demasiado amable, un poco demasiado tiempo seguido, activaría un ronroneo inaudible, parecido al que emite tu móvil en modo de vibración. Cuando te deshicieras en halagos hasta quedarte sin saliva, el monitor empezaría a vibrar con un zumbido tan insistente que la persona que estuviera a tu lado lo oiría también. Cuando te hicieras responsable de los problemas de los demás, el artilugio empezaría a dar ladridos chirriantes como los de un chihuahua rabioso. Y finalmente, cuando antepusieras las necesidades y los deseos de todo el mundo a los tuyos durante demasiado tiempo seguido, la cajita emitiría un gemido creciente, como el de una ambulancia que se acerca, hasta que de una vez por todas tomaras la decisión de hacer algo por ti.

Indudablemente, todo este escándalo sería de lo más embarazoso, así que cuidarías de comprobar con discreción tu medidor de equilibrio en cuanto sintieras la primera punzada de fatiga o enfado. Seguirías de cerca tus fluctuaciones de energía emocional con mucha más atención.

En realidad, ya tenemos un medidor de equilibrio incorporado, pero funciona con lentitud y es más fácil de ignorar que mi hipotético invento. En lugar de un dial o una alarma, nuestro sistema de detección nos va creando síntomas con el paso del tiempo. Pueden pasar años hasta que aparece una hipertensión o una depresión profunda. De hecho, este sistema tarda tanto en mostrar los efectos que la mayoría de las veces no vemos la conexión con su origen. Nos preguntamos de dónde vienen nuestros problemas de salud o a qué se debe la angustia que va calando en nosotros. No lo entendemos, porque de pequeños nos enseñaron que ese sacrificio que nos ha desequilibrado era lo que caracterizaba a una buena persona cuya vida tenía verdadero sentido. La realidad, por desgracia, es que con mucha más frecuencia caracteriza a una persona abocada a la angustia psicológica, el agotamiento emocional y el declive físico.

Para vivir con optimismo y solvencia emocional —es decir, con una reserva de energía que nos permita ser audaces y resolutivos en situaciones difíciles—, por un lado tenemos que evitar entrar innecesariamente en la zona roja, y por otro buscar todas las oportunidades posibles de hacer cosas que nos hagan sentirnos bien. Que nuestra prioridad sea ser sinceros sobre lo que sentimos de verdad es el regalo más revitalizador que podemos hacernos a nosotros mismos.

Muchos tenemos tendencia a excedernos en nuestras atenciones y generosidad. Nos entregamos hasta el punto de no saber ya quiénes somos, intentando ser quienes los demás necesitan que seamos. Está claro que necesitamos algo que nos impida seguir ignorándonos a nosotros mismos. Tal vez mi invento fantástico esté muy lejos de fabricarse, pero tú misma puedes crearte en la mente un medidor de equilibrio sin el menor esfuerzo. En cualquier situación, mantén un ojo puesto en ese dial imaginario y un oído atento a tu alarma interior. Si todos empezamos a hacerlo, ya no tendré que sentarme en el garaje con un manual de ingeniería eléctrica.

18 La escritura terapéutica

Da igual que suenes ilógica y desesperada; solo sé sincera.

Situación límite: estás en un terrible dilema. Asustada, confusa, desesperada. Nadie te entiende. Tú no te entiendes. No hay ningún terapeuta al que recurrir. Rápido, ¿qué haces?

Si tuvieras un manual de emergencia para saber cómo actuar en momentos como este, podrías consultar de inmediato el capítulo titulado «Volverse loca buscando una solución». En cuanto lo tuvieras delante, bajo el epígrafe «Instrumental necesario», leerías: «Tu cerebro», y a continuación, «Primer paso: papel y lápiz». Poner por escrito el contenido de tu mente debería figurar en el manual de primeros auxilios de todo hogar como la solución por excelencia a cualquier situación abrumadora. Es el método de autoayuda más eficaz que puedes utilizar cuando las circunstancias se mueven a un ritmo que ya no eres capaz de seguir.

La vida moderna da prioridad a la acción sobre todo lo demás y fomenta la idea de que responder con inmediatez a una situación comprometida es la forma ideal de evitar que el problema crezca y de recuperar el control. Por desgracia, sin embargo, hay muchas situaciones en el vivir humano —en especial aquellas que afectan a otras personas— en las que una solución precipitada solo empeora las cosas.

Cuando nada de lo que haces te saca del atolladero, podría ser porque no sabes qué es *realmente* lo que te inquieta. Si actúas sin saber lo que de verdad sientes, cualquier movimiento que haces a ciegas va creando caos a tu alrededor. Ahora tienes dos problemas que resolver: el que ya tenías ¡y el que has provocado por reaccionar a él impulsivamente!

En lugar de actuar con precipitación, siéntate con un cuaderno delante y escribe con total libertad. Escribe sin pensar, rápido, olvidándote de la puntuación, la gramática y las mayúsculas. Ese escrito va a acabar hecho pedacitos en el cubo de reciclaje. Nadie aparte de ti lo va a leer. Da igual que suenes ilógica y desesperada; solo sé sincera. ¿Qué es lo que más temes de esa situación? ¿Qué es lo que secretamente querrías poder hacer? ¿Qué recuerdos te trae esta situación tan angustiosa? ¿Qué sensación tienes de ti en estos momentos? ¿Por qué? ¿Qué estás viendo que hasta ahora no te has permitido admitir? Una vez que conozcas todos los detalles de fondo, tendrás muchas más posibilidades de afrontar el problema y resolverlo.

¿Por qué es tan eficaz este ejercicio? Porque escribir —aunque sea de forma descuidada, angustiada e ilógica— hace que la actividad cerebral que estaba localizada en los centros emocionales primitivos ascienda a las partes superiores del cerebro y se localice en las áreas frontales que se ocupan del lenguaje, el significado y la comprensión. En lo que al cerebro se refiere, la escritura es un estadio evolutivo superior al sentir.

En muchos estudios, se ha visto que escribir reducía la depresión, pero solo si los sujetos utilizaban la escritura para hablar de sus problemas. Escribir sobre temas neutros e impersonales no producía ningún cambio. Por tanto no es el acto en sí de escribir lo que resulta terapéutico; es el querer llegar a la verdad de lo que se siente lo que al parecer surte efecto.

Los niños pequeños necesitan expresar de qué tienen miedo o qué ha herido sus sentimientos antes de que sea posible consolarlos de verdad. Dejar salir lo que sentimos es el primer paso para resolver cualquier dilema emocional. Expresarnos, aunque sea sobre el papel, agiliza la búsqueda de soluciones, lo cual es indudablemente mucho más práctico que actuar a ciegas y tener que abrirnos paso después a través de una avalancha de reacciones impulsivas.

A menos que estés en una situación de peligro inminente, te animo a que explores tu cerebro antes de explorar las posibilidades externas que se te ofrecen. Como ocurre muchas veces, es posible que escribir durante un rato de esta manera desenfrenada te lleve a un instante de tu vida que está en la raíz del problema y te haga parar y recostarte en la silla, atónita de ver de repente con tal claridad una necesidad insatisfecha o un miedo de la infancia. Una vez que hayas descubierto el núcleo de tu reacción emocional, contémplalo, dale un beso en lo alto de la cabeza y luego siéntate y piensa qué hacer al respecto. Ahora que hay más partes del cerebro trabajando para encontrar la salida, seguro que todo será más fácil.

19 Aprendamos de la naturaleza

A la naturaleza le entusiasma la individualidad.

Cada vez que me enfrento a un dilema delicado, busco ayuda en la naturaleza. Es una necesidad que he tenido siempre, de volverme hacia algo más sabio que yo. Si puedo pasear por el campo o simplemente estar al aire libre, el ruido mental se desvanece y da paso a la claridad. Es como si el cerebro necesitara entrar en comunión con el orden a la vez sosegado y dinámico de la naturaleza para encontrar el mejor camino. En medio de la naturaleza, parece natural centrarme solo en mí y en lo que de verdad necesito.

A diferencia de lo que les ocurre a los padres emocionalmente inmaduros, a la naturaleza le entusiasma la individualidad. Nada en ella es uniforme. Todo tiene su singular expresión, y esa irrefrenable individualidad refleja e intensifica la experiencia de tu verdadero yo. En la naturaleza te sientes más viva, porque percibes tu relevancia en el orden trascendente de las cosas. Espontáneamente adoptas una perspectiva más integral, que te tranquiliza y te fortalece. Por ejemplo, en medio de un pequeño bosque, te sientes rodeada de un extraordinario conjunto de seres que están en plena armonía consigo mismos y no necesitan que seas ni más ni menos que lo que ya eres tú también.

Cuando observas el mundo natural y percibes su belleza, entras en un círculo de apreciación mutua entre seres vivos. No es de extrañar que sea así, teniendo en cuenta que probablemente la vida en todas sus expresiones proviene de una única fuente, a partir de la cual fue desarrollándose y concretándose en distintas formas a través de innumerables adaptaciones a lo largo de millones de años. Creo que la vida sigue reconociéndose a sí misma, ya haya acabado definida como planta o como ser humano. Cuando paseas por la naturaleza, estás entre amigos cuyos antepasados se entrelazan con los tuyos. Sois compañeros de un eterno florecer desde los primeros tiempos de vida en este planeta.

No olvides que también tú eres un ser orgánico. El carbono está presente en nuestro cuerpo lo mismo que en los árboles y, a igual que ellos, somos formas de vida que evolucionaron a base de adaptarse y desarrollarse respirando el mismo aire y bajo el mismo sol. El aspecto actual de la naturaleza es testimonio vivo de ese proceso de adaptación. Y al igual que un árbol o una brizna de hierba, también tú buscas a tu alrededor un terreno rico en nutrientes. Empiezas a marchitarte si estás en el lugar equivocado, pero en cuanto hagas los ajustes adecuados, recuperarás la vitalidad. No es de extrañar que surjan con más naturalidad soluciones y decisiones acertadas cuando dejas que la naturaleza se comunique directamente con tu centro.

Por desgracia, es posible que hayas perdido la conexión contigo misma y la capacidad para percibir lo que necesitas y de qué debes alejarte. Es posible que tu centro de mando haya migrado a la cabeza —quizá la última migración representativa de la especie humana— y tomes las decisiones escuchando al pensamiento y no al saber de tu corazón. Cuando tienes un problema, ahora crees que deberías resolverlo sentada delante de tu mesa como cuando estabas en el instituto. Crees que solo puedes aprender aplicando el razonamiento lógico y que el simple disfrute diario de unos momentos de calma no te dará nada digno de mención. Sin embargo, fue a partir de esa pacífica quietud como se formó la vida natural en todas sus manifestaciones: una respuesta elegante y apropiada a cada desafío del entorno.

Cuando te obligas a pensar insistentemente para resolver un problema, utilizas una parte del cerebro que se cansa muy rápido, sobre todo si estás ansiosa. Esforzarte por encontrar una solución quizá te dé una idea aproximada de los pros y los contras de actuar de una u otra manera, pero no te llevará necesariamente al quid de la cuestión. Si abusas de esta parte del cerebro que se ocupa del pensamiento intensivo, acabas cansada, frustrada y, a menudo, de mal humor. La tensión que te genera estar constantemente preocupada agota las sustancias químicas que necesitas para sentirte bien.

A la mente racional le gustan las líneas rectas, los ángulos rectos y la eficacia. Te empuja a tomar decisiones rápidas para asegurarse de que no pierdes tiempo ni energía. Entiende que, como si se tratara de conectar un aparato eléctrico a un enchufe, la mejor decisión será la línea recta porque es la distancia más corta entre dos puntos. Pero las líneas rectas no abundan en la naturaleza; son más propias de los minerales que de los seres vivos. Obligar a tu mente a que adopte exclusivamente esas formas antinaturales interrumpe el fluir natural de tu creatividad e ingenio.

De hecho, tus esfuerzos por encontrar la solución más eficiente nunca garantizan que sea la mejor decisión posible. La naturaleza te muestra una manera de proceder muy diferente y, no obstante, asombrosamente acertada. La naturaleza es amiga del tiempo y no se deja presionar por él. Vivir de un modo más natural significa tener en cuenta nuestras reservas de energía y buscar la ruta más provechosa, no la más directa. A la naturaleza no le seducen las líneas rectas. Su estilo es fluido y oportunista.

La naturaleza es la fuente del subconsciente, el lugar del que provienen tu creatividad, tu inspiración y tus sueños. Esta parte de tu mente es como una enredadera que crece y va echando sin prisa brotes y hojas mientras avanza con elegancia hacia la luz. Asciende en la medida en que se lo permite el sustento que hayan absorbido las raíces. No se obliga a crecer a toda costa y a sacar más fuerzas de las que su nutrición le da, como a menudo se espera que hagamos los humanos. La naturaleza se rige por la regla de que ha de haber un equilibrio entre lo que se recibe y lo que se da. Cuando te olvidas de esto, te agotas, y el agotamiento te provoca ansiedad y mala salud. La naturaleza nos enseña que todo lo que vemos crecer en la superficie depende del alimento que haya recibido bajo tierra.

¿Te riges tú también por esa regla? Después de cada avance, ¿te aseguras de reponer las energías y descansar? ¿O te tratas como si fueras una máquina y te fuerzas continuamente a seguir avanzando?

El contacto con la naturaleza te reconecta con tus orígenes y necesidades. La naturaleza es tan fiel a sí misma que te contagia. Estimula tus instintos más saludables y te anima a seguir adelante oponiendo la menor resistencia posible. Te muestra que puedes tener una vida apasionante con solo ser tú. Es como una madre sabia y bondadosa que quiere de verdad lo mejor para ti. Al fin y al cabo, es tu Madre Naturaleza.

SEGUNDA PARTE

Tratar con la gente

Problemas de relación

Si piensas que las relaciones son la clave de la felicidad, quizá no te das cuenta de que tu principal relación ha de ser contigo mismo. Una vez que tengas una buena relación contigo, estarás preparado para relacionarte con otras personas. Lo mismo si se trata de una amistad que de un romance, busca a alguien que respete tus límites, honre tu individualidad e intente comprenderte. En cualquier relación, el respeto a la singularidad del otro abre las puertas a una conexión aún más profunda.

20 La economía de las relaciones

Es un error pensar que deberías ser lo bastante adulto como para conformarte con menos de lo que quieres.

En general, se da por hecho que cuesta muchísimo esfuerzo tener una buena relación. Me deja asombrada la impresión tan sombría y triste que mucha gente tiene de las relaciones de pareja estables. Oyéndolos hablar, parece que el objetivo de una relación fuera poner a prueba la paciencia de dos personas, no aumentar su felicidad. Pero el sentido de la pareja es que ambas partes se enriquezcan con lo que la relación les aporta, no contemplar con resignación lo que les quita. Comunicarte con madurez y claridad no debería resultarte pesado ni difícil. Si te cuesta un esfuerzo llevarte bien con tu pareja, no des por hecho que es lo normal.

En nuestra cultura, a menudo las relaciones de pareja estables se caracterizan por un alto grado de compromiso y un bajo grado de autonomía personal. De ahí el tópico de que perder la libertad y renunciar al auténtico disfrute de la vida es el precio ineludible que hemos de pagar como adultos para tener una sólida relación de pareja. Por eso mucha gente, al contraer ese compromiso, está predispuesta a aguantar mucho a cambio de muy poco. Pero es un error pensar que deberías ser lo bastante adulto como para conformarte con menos de lo que quieres. No es de extrañar que tantas relaciones de pareja formales acaben fracasando. Es una economía insostenible.

Tarde o temprano, si alguien lleva tiempo esforzándose por hacer que su relación de pareja funcione y aun así no lo consigue, es probable que decida marcharse. Y se marchará con amargura, sintiéndose traicionado por la promesa cultural de que la abnegación y la paciencia infinitas le darían la felicidad. Pero las relaciones de pareja son como cualquier otra clase de intercambio: lo que se da no es necesariamente igual a lo que se obtiene. Por mucho que trabajes y que renuncies a todo lo imaginable, no puedes obligar a la otra parte a corresponderte. Son la madurez psicológica y la generosidad lo que determina el grado de reciprocidad de la otra persona, no cuánto le des tú. Por propia experiencia sabes que es así, por ejemplo si les has regalado un tiempo y una energía ilimitados a tu padre o tu madre EI y has recibido poco a cambio.

En una buena relación, aunque es cierto que no todos los trueques serán ecuánimes ni todas las concesiones igual de satisfactorias, con el tiempo la situación se equilibrará, para que a ambas partes les produzca beneficios su inversión. En el sistema de trueque de una relación íntima, si yo te doy una oveja y tú me ofreces una manzana, va a resultarme obvia la desigualdad. Si por esta vez acepto la manzana, probablemente es porque sé que en cualquiera de los próximos intercambios serás tú el que me ofrezca una oveja. Ambas partes tienen presente un sentido de la equidad; ninguna de las dos vive en la ilusión de creerse con más derechos que la otra.

Un aumento de la energía debería ser otro beneficio de una buena relación. Esto se manifiesta en que estando en compañía del otro te sientes más ligero, más despierto y de mejor humor. Tu pareja debería enriquecerte, no cansarte. Ahora bien, si su compañía te eleva la energía es porque esa persona procura mantener ella misma un alto nivel de energía haciendo las cosas que le gustan. Busca oportunidades de disfrutar, que a su vez refuerzan su interés y vitalidad. Cuando ambas partes de la pareja se cuidan, ambas aportan buena energía a la relación. La sinergia aumenta y las interacciones son gratificantes para ambas.

En cambio, si lo que caracteriza la relación es que una de las partes tiene que hacer un constante «trabajo emocional» y que las transacciones son demasiado dispares —como ha podido ocurrirte con tu padre o tu madre EI—, la energía cae en picado. La balanza comercial está demasiado desequilibrada.

Otro ideal que nos imponemos equivocadamente en una relación de pareja estable es que no deberíamos llevar cuenta de lo que percibimos como una injusticia. Damos por hecho que el amor verdadero está por encima de eso. Pero ¿sinceramente crees que hay algún ser humano de carne y hueso que, al nivel que sea, no tenga en cuenta cualquier trato que considere injusto? Es mucho mejor llevar cuenta abiertamente de los esfuerzos relativos para que, si una de las dos partes siente que está dando más de lo que recibe, las cosas se puedan equilibrar. Si le haces ver algo que consideras una injusticia a una persona que quiere ser justa, no se ofenderá. Al contrario, tendrá interés en escucharte y se lo tomará en serio. Solo alguien tan egocéntrico como para creerse con derecho a todo se ofenderá si le dices que un comportamiento suyo te ha parecido injusto.

En una buena relación, además de equidad y reciprocidad, hablar con tu compañero es fácil y sientes que te comprende. No me refiero a que mantengas con él complicadas conversaciones, sino a una simple disposición suya a escucharte que te haga sentir que le importas. ¿Te entiende cuando le dices que tienes la impresión de que en vuestro acuerdo comercial no se está respetando lo pactado?

Sentir que puedes hablar con franqueza de cualquier problema es una de las mejores formas de predecir lo satisfactoria que será una relación. La actitud que tenga tu pareja hacia la comunicación indica cuánto tendrás que poner de tu parte para que la relación funcione. Si cuando empiezas a hablarle reacciona con enfado o se retrae y rehúye la conversación, sin duda tendrás que esforzarte mucho. Solo para que lo sepas.

Te sentirás más optimista y competente en cualquier tipo de relación con la que te comprometas si entiendes su estructura de base como una economía de intercambio. No es una perspectiva poco romántica, es solo realista. Si quieres mantener una relación sana y duradera, ten presentes las reglas de cualquier transacción comercial: da tanto como quieras, pero pide a cambio lo suficiente como para que ambas partes os sintáis satisfechas.

21 El efecto Gomosito

El carácter no es quien eres cuando te esfuerzas; es quien eres cuando no tienes nada que ganar siendo distinto.

El ser humano es psicológicamente flexible. Yo lo llamo el efecto Gomosito, por ese muñeco de goma verde al que podemos estirar desde todos los ángulos y siempre vuelve luego a su forma original. Cuando nos esforzamos, todos somos capaces de estirarnos más allá de lo que nos resulta cómodo y parecer momentáneamente mejores de lo que en realidad somos. El efecto Gomosito nos permite aparentar que somos auténticos triunfadores durante breves periodos de tiempo. Pero en cuanto deja de haber presión, volvemos a nuestro estado natural.

Cuando al comienzo de las relaciones alguien se esfuerza al máximo por causar una buena impresión, aumenta de tamaño como si a Gomosito lo estiráramos desde los cuatro costados. Pero, a continuación, lo mismo que Gomosito recupera su tamaño normal en cuanto cesan los estiramientos, esa persona se relaja y vuelve a ser quien es. Vamos a considerar que, en su forma normal, Gomosito se corresponde con el auténtico grado de madurez psicológica de una persona. Al igual que maduramos físicamente y, a partir de entonces, mantenemos la forma que hayamos adquirido y no pensamos más en ella, una vez que alcanzamos el punto máximo de desarrollo psicológico nuestra personalidad no cambia demasiado. Sin embargo, si alguien no llega a desarrollarse psicológicamente por completo, tiene que compensar su inmadurez emocional aprendiendo a estirarse como Gomosito para dar una buena imagen y conseguir lo que quiere.

Imagina que conociste a la persona que acabaría siendo tu pareja en un momento en que se esforzaba por causarte una buena impresión. Volviendo a la analogía de Gomosito, esa persona estaba estirándose con todas sus fuerzas. Así, al principio de la relación, es posible que se deshiciera en atenciones, expresara profusamente su amor o demostrara comprensión y ternura. Pero, con el tiempo, mantener un estiramiento tan forzado empezó a resultarle agotador y se fue contrayendo poco a poco para volver a un estado más cómodo. Fue entonces cuando se puso de manifiesto su verdadera forma.

Si conoces a alguien cuando está en *modo de estiramiento*, creerás que es más comunicativo y afectuoso de lo que realmente es. Una vez que empiece a encogerse y a recuperar su forma natural, quizá te preguntes adónde ha ido a parar la persona tan maravillosa a la que conociste. De repente, parece más egoísta, menos sensible y más controladora; te da la sensación de que está siempre a la defensiva y lo critica todo. En pocas palabras, empieza a mostrar su forma inmadura, su verdadera forma de Gomosito.

Cuando alguien se repliega en su zona de confort, tal vez piensas que *podría* volver a su maravillosa personalidad anterior si de verdad lo intentara. Es cierto. Pero ¿quién puede vivir esforzándose al máximo a diario? Es un error pensar que el comportamiento egoísta es una elección o que esa persona podría ser más agradable si quisiera. Si no ha conservado la madurez inicial es porque no puede, igual que un niño que un día se porta bien no puede seguir portándose bien para siempre. El estiramiento está sujeto a las leyes de la física y dura lo que dura; es solo un estado temporal.

Cuando conozcas a personas emocionalmente inmaduras en fase de estiramiento, no podrás saber de inmediato que serán incapaces de mantener esa estupenda imagen. Solo el tiempo y la experiencia lo dirán. Lo mejor es dar tiempo a que la relación se vaya desarrollando, para que sea evidente si sus atenciones iniciales hacia ti eran una sobreactuación de estilo Gomosito o si forman parte de su conducta real. Metafóricamente hablando, ¿es esa persona de verdad tan alta como parecía o es que estaba de puntillas y con el cuello estirado?

Todo esto resulta particularmente cierto en el terreno de la intimidad emocional, en el que dos personas se abren la una a la otra y se comunican sus sentimientos, sueños y necesidades más profundos. En los comienzos de una relación, los individuos emocionalmente inmaduros se estirarán como Gomosito para dar una imagen expandida de sí mismos y harán un esfuerzo por escuchar con interés y ser atentos. Pero incluso entonces habrá momentos en que Gomosito se contraiga y vuelva a su forma original aunque solo sea por un instante. Ese instante de contracción es un anticipo de la persona con la que vivirás.

Pregúntate si tu nuevo amor es amable contigo de una forma relajada y te inspira verdadera confianza en todo momento o solo durante los estiramientos ocasionales. ¿Ves en él auténtica generosidad y sincero interés por ti o simplemente el esfuerzo temporal de una personalidad más bien inmadura, que se retraerá en cuanto el estrés vuelva a apoderarse de ella, sin saber hasta cuándo?

La respuesta a esta pregunta no será inmediata, porque la fatiga que a Gomosito le provoca la expansión se manifestará solo al cabo del tiempo. Esta es una razón inmejorable para que evites cualquier compromiso precipitado. Las personas de tipo Gomosito te presionan para que tomes rápidamente una decisión y te comprometas con ellas porque les cuesta un esfuerzo inmenso ser generosas y atentas mucho tiempo seguido. Intentan guardarte en un sitio seguro lo antes posible, para así poder contraerse y volver a la comodidad de su forma natural.

Utilizando términos ya anticuados, lo contrario del efecto Gomosito es el *carácter*, es decir, quién eres cuando no ganas nada intentando ser de otra manera. El carácter no es quien eres cuando te esfuerzas; es quien eres cuando no tienes nada que ganar siendo distinto. Lo mismo que si miras a Gomosito estirado a lo largo y a lo ancho, es casi imposible distinguir la verdadera forma de alguien cuando hay motivos ocultos que tiran de él hacia un lado y hacia otro. Déjalo que se relaje y crea que te ha conquistado, y entonces verás cómo se comporta.

No podemos dejar de hacernos esta pregunta sobre cualquier persona nueva que entre en nuestra vida: ¿es realmente así, o se está estirando con todas sus fuerzas? Puede ser un proceso largo y doloroso salir de una relación frustrante una vez que has caído en la trampa del efecto Gomosito, porque vives confiando en que el siguiente estiramiento perdurará. Pero da un paso atrás y observa la forma que esa persona adopta cuando no hay nada en juego. Estate atento a cómo te trata cuando está convencida de que te tiene. Ese es el verdadero Gomosito.

22 El Café del Amor

Si ya necesitamos a alguien sin siquiera conocerlo de verdad, el potencial de decepción es enorme.

Encontrar pareja puede ser como probar un restaurante nuevo. En el Café del Amor, ¿leemos bien el menú antes de pedir —para no llevarnos luego una dolorosa desilusión— o entramos por la puerta y le decimos al camarero que nos traiga lo que él quiera? A veces, si tenemos mucha hambre, algunos ni nos molestamos en leer el menú. En el Café del Amor, no solo dejamos que el camarero decida, sino que pagamos por adelantado, con una buena propina incluida, y esperamos con ansiedad que por favor nos traiga algo que nos guste.

Solo podemos permitirnos ser selectivos cuando estamos emocionalmente bien alimentados. Cuando estamos hambrientos después de haber pasado la infancia con un padre o una madre EI, cualquier restaurante que veamos puede parecernos tentador. Mientras tenga una fachada bonita y un aparcamiento cerca de la puerta, lo demás nos da prácticamente igual. Y una vez dentro, pedimos sin apenas echarle un vistazo al menú.

El problema en realidad no es tanto lo que haya o no haya en el menú como el hecho de que estemos demasiado impacientes para leerlo. El problema es que estemos tan hambrientos cuando nos sentamos a la mesa que nos dé igual lo que nos traigan; tan hambrientos que nos aferremos de inmediato a la primera persona que aparece y sintamos que la *necesitamos* incluso antes de *conocerla*. Si ya necesitamos a alguien sin siquiera conocerlo de verdad, el potencial de decepción es enorme.

Aunque la respuesta al problema parece obvia —dedica un poco de tiempo a leer el menú o a conocer a esa persona—, en realidad no es así como funcionan las cosas. Nos gusta enamorarnos primero y preguntar después. Incluso justificamos cualquier comportamiento desconsiderado que esa persona tenga con nosotros y no vemos lo que es obvio para los demás. Por supuesto, para cuando empecemos a darnos cuenta, ya no será tan fácil salir de donde estamos y, además, probablemente pensemos que ese es el único lugar que nos queda en la tierra donde poder comer. Y si tenemos la valentía de marcharnos del Café del Amor, nos espera el largo y doloroso proceso de abandonar a alguien a quien entregamos nuestro corazón antes de saber si podíamos confiárselo.

Por lo general, las señales de que la relación no iba a funcionar estaban a la vista desde el principio, solo que nosotros teníamos demasiada hambre como para prestarles atención. Lo mismo que en los alimentos envasados, los ingredientes de un potencial compañero o compañera están escritos en sus microcomportamientos; por ejemplo, cómo te mira cuando cree que no lo ves, cómo habla de ti cuando cree que no lo oyes. En los supermercados, la lista de ingredientes de un producto te dice si es nutritivo o si lo único que tiene es buena presencia. Lo mismo ocurre con las personas seductoras. Que alguien te resulte atractivo no significa que sea lo que de verdad quieres. Podrías acabar con una barrita de chocolate y caramelo en vez de un plato de comida.

Hay potenciales compañeros sentimentales que, como los alimentos de aspecto tentador que carecen de valor nutritivo, solo nos resultan irresistibles porque estamos emocionalmente hambrientos. Llevamos tanto tiempo sin alimentarnos y tenemos un hambre tan feroz que, como al náufrago famélico, todo empieza a parecernos comida. Un contacto visual, un flirteo o el menor signo de interés se malinterpretan rápidamente como los prometedores entremeses de un banquete en toda regla. No nos paramos a preguntarnos si algo indica que haya un banquete en preparación, y desde luego no somos tan groseros como para preguntarle al camarero si esos entremeses son lo único que se nos va a ofrecer en este restaurante. Y justo cuando se nos empieza a hacer la boca agua pensando en el plato principal de la conexión amorosa, ese potencial compañero o compañera se aparta bruscamente o provoca una discusión tras otra. ¿Había forma de preverlo?

Sí, pero solo si hubiéramos *querido* verlo venir. El hambre emocional nos hace confiar en que habrá seguridad y compromiso mucho antes de que nada indique realmente que será así. Preferimos no consultar el menú por miedo a que no haya en la lista ningún plato principal. Y eso sería desastroso, porque ya hemos decidido que esta es la persona que al fin nos llenará.

Muchos de esos potenciales compañeros o compañeras sentimentales son unos buenos entremeses. Su atención inicial nos quita el hambre lo suficiente como para que ahora podamos ser un poco más selectivos al elegir el resto de la comida. Una vez que hemos picado un poco, empezamos a fijarnos en que los cubiertos tienen manchas o en que el camarero nos trae un plato tras otro de comida medio cruda. Pero mientras sigas teniendo muchísima hambre, inventarás excusas para lo inexcusable.

La inanición no te permite ser un crítico gastronómico; te hace entusiasmarte con cualquier comida de baja calidad. Para poder ser exigente a la hora de elegir un posible compañero o compañera, antes tienes que importarte a ti mismo lo suficiente como para no querer arriesgarte alegremente a sufrir una decepción. Una vez que te importes lo suficiente como para nutrirte con amistades, intereses y actividades, la comida basura no te llamará la atención. No harás concesiones. Esperarás pacientemente hasta ver un plato de alta calidad con una presentación exquisita.

Cuando te sientas satisfecho contigo, solo las personas atentas, con un sano sentido del humor e igual de comprometidas consigo mismas que tú te abrirán el apetito. Tu mirada irá más allá del azúcar glas espolvoreado en la superficie de la magdalena y te preguntarás: «¿Ha tenido en cuenta mis sentimientos cuando ha hecho eso?». Pondrás freno a las fantasías románticas hasta ver si hay algo debajo. Notarás si la magdalena tiene densidad nutritiva o si está seca por dentro y no tiene intención de darte nada.

Como para la buena comida, para seleccionar relaciones de calidad hay que tener un paladar experimentado. Si estableces una conexión entre el sabor inicial de un plato y la sensación de saciedad o no saciedad un rato después, las calorías vacías perderán todo su atractivo. En el Café del Amor, empezarás a elegir gente sustanciosa, que te ofrezca nutrición emocional, te sacie y te dé fuerza interior y energía. Entre las personas, lo mismo que entre las distintas clases de comida, algunas son nutritivas y otras son deliciosas en el momento y eso es todo. Es responsabilidad tuya leer las etiquetas, descubrir cuál es cuál. Y asegúrate de que no tienes demasiada hambre antes de salir a comer.

23 Don y doña Justo Ahora

Cuando el papel rígido que representas en la vida se te hace ya insoportablemente frustrante, el yo interior empieza a agitarse pidiendo algo nuevo.

Hace poco, una amiga nos hablaba a mí y a un grupo de amigos de un día que se le pinchó una rueda en mitad de la autopista interestatal y tuvo que pararse en el arcén. El tipo que venía detrás y se detuvo a ayudarla era a todas luces opuesto a ella en todo: cultura, ideología política y perspectiva general de las cosas. Pero mi amiga contaba que nunca en su vida se había alegrado tanto de ver aparecer a alguien. El tipo cambió la rueda, no quiso aceptar el dinero que ella le ofrecía en pago por sus servicios, se despidió y siguió su camino. Uno de los amigos que la escuchábamos se rio y dijo: «Bueno, quizá en su vida no fuera don Justo, ¡pero sin duda fue don Justo Ahora!».

Me encanta esta anécdota, porque es tan cierto que hay personas con las que posiblemente jamás en nuestra vida nos relacionaríamos pero que, de repente, aparecen en el momento justo y nos dan exactamente lo que necesitamos. Antes del incidente, a mi amiga no se le habría ocurrido charlar un rato con el que fue su benefactor de la autopista, pero eso no tiene nada que ver con la profunda gratitud que sintió al recibir su ayuda. Los lazos que establecemos en momentos de crisis traspasan los estereotipos y van directos al corazón.

A veces llegan a nuestra vida personas radicalmente distintas a nosotros que nos muestran justo aquello que necesitamos para seguir desarrollándonos. No hay lugar donde esto sea más cierto que en las relaciones románticas. En momentos de cambio personal y transición interior, puede ocurrir que sientas de repente una intensa atracción por alguien a quien acabas de conocer. Como tu antigua forma de ser se ha venido abajo, importa poco quién se detenga a ayudarte. En esos momentos, incluso una relación de muchos años puede sufrir una sacudida por un enamoramiento externo.

Cuando una relación que todos creían sólida se tambalea, desde fuera te preguntas con gran desconcierto qué está pasando. ¿Cómo es que alguien que hasta ese momento ha sido modelo de responsabilidad hace saltar por los aires su vida tan ordenada? ¿Cómo es que de repente estás dispuesto a dejarlo todo por un chico o una chica que acabas de conocer y que a todos tus amigos les parece simplemente don o doña Equivocación?

La culpa la tiene el infalible instinto de equilibrio de tu psique. Cuando el papel rígido que representas en la vida se te hace ya insoportablemente frustrante, el yo interior empieza a agitarse pidiendo algo nuevo. Quiere que satisfagas todo tu ser, no solo el guion social que quizá hasta ese momento ha dirigido tu vida. Esta exigencia interior de expansión quiere que dejes de fingir que estás contento y descubras tu verdadero yo probando algo nuevo. En ocasiones, ese inocente deseo de crecimiento interior te atrae hacia alguien que es la viva encarnación de una parte de ti de la que hasta ahora has renegado.

No es que tu instinto de crecimiento interior te esté animando exactamente a que tengas una aventura o una cita con el chico de la cresta o con la chica de los vaqueros ceñidos, pero a veces el mensaje te llega un poco distorsionado. En lugar de entender que necesitas expresar una nueva faceta de *ti*, posiblemente piensas que has encontrado la respuesta a tus problemas en esa persona estrafalaria que ha aparecido en tu vida y te trata como si fueras un dios.

Podríamos llamar a todos esos chicos y chicas don o doña Justo Ahora. Puede que a la larga no sean don Justo o doña Justa, pero justo cuando lo necesitabas se interesaron lo suficiente por ti como para preguntarte: «¿Cómo estás?». En esta clase de relaciones insólitas, al fin sientes que puedes ser dueño de quien eres por dentro y de decidir lo que quieres de la vida. Te abres a posibilidades que el conformismo anterior te prohibía. Si las atenciones de alguien potencian en ti algo tan vital como la conexión con tu yo emocional e instintivo, puede que te cueste mucho resistirte. A los demás posiblemente les desconcierte que te sientas tan atraído hacia esa persona, y es que en realidad tu atracción probablemente refleja lo desesperado que estás por encontrar un camino de vuelta a tu alma, tan desatendida. No estás buscando a don Justo ni a doña Justa, te estás buscando a ti.

Si don o doña Justo Ahora aparece cuando tienes la sensación de que nadie te valora, ¿es de extrañar que aproveches la oportunidad? Ya estés en la adolescencia, en la juventud o en la edad madura, los fugaces placeres del *justo ahora* pueden parecerte una justa compensación a los años de conformidad.

Por desgracia, sin embargo, los don y doña Justo Ahora de este mundo te hacen olvidar que la felicidad es un trabajo contigo mismo; que la plenitud viene de la autorrealización y no simplemente de conseguir un novio o una novia nuevos. Cuando estés a punto de perder la cabeza, recuerda que tarde o temprano tendrás que ponerte en pie tú solo. Aunque parezca que don o doña Justo Ahora promete hacer todo el autodescubrimiento por ti, ¿qué ganas tú realmente con eso? Quizá sus palabras te sirvan de inspiración para cambiar de vida, pero nadie podrá decirte nunca en qué dirección necesitas ir.

Te animo a que hagas memoria de lo que estaba pasando en tu vida cuando apareció don o doña Justo Ahora y empezaste a sentirte tan poderosamente atraído. Lo más probable es que vieras en él o en ella muchas de las cualidades que has reprimido en ti. En lugar de confundir la asistencia en carretera con la aparición de un alma gemela, sería una buena idea que te preguntaras si don o doña Justo Ahora representa lo que tú necesitas expresar.

24 ¿Debería quedarme o me debería ir?

Intuyes que irte no es solo dejar la relación,
es dejar también la dependencia.

En cuanto alguien nos dice que no es feliz en su relación de pareja, nos falta tiempo para animarlo a que se marche; ni siquiera entendemos cómo es que está con esa persona. Pensar en dejar una relación, del tipo que sea y sean cuales sean las circunstancias, es un proceso de despertar. Cuando alguien se plantea poner fin a un matrimonio, a un trabajo o a una amistad es porque está empezando a cuestionar la convicción que ha tenido hasta entonces de que su razón de ser es satisfacer las necesidades de los demás. Dejar una relación infeliz no es, por tanto, simplemente cuestión de si deberías quedarte o te deberías marchar; es la seria decisión psicológica de si te sientes con derecho o no a vivir una vida feliz.

Cuando tienes dudas sobre si dejar o no una situación que te hace sentirte mal, puede que sea cierto que dependes económicamente de tu pareja o que hay unos hijos que se deben tener en cuenta, pero ten presente que, como hijo de un padre o una madre EI, tal vez estés anteponiendo los sentimientos y necesidades de los demás a los tuyos. Es posible que estés terriblemente angustiado y, sin embargo, intentes quitarle importancia porque te preocupa el daño o la ira que puedas provocar en los que están contigo. Podría pasar mucho tiempo antes de que al fin dejes de dar prioridad a sus sentimientos y despiertes al hecho patente de tu propia infelicidad.

Cuando piensas: «¿Debería quedarme o me debería ir?», en realidad estás preguntándote si está bien o está mal volver a tomar las riendas de tu vida. Tal vez tienes la sensación de que no puedes demostrar seguridad en ti mismo, ser auténtico y seguir en la relación. Estás tan habituado a pensar siempre en los demás antes que en ti que quizá estás convencido de que tienes que dejar la relación para poder ser tú.

La raíz de la indecisión es muchas veces una ambivalencia más profunda sobre si te sientes o no capaz de reivindicar tu poder personal, y esa es la razón de que te cueste tanto marcharte. Porque irte no es solo dejar la relación, es dejar también la dependencia. Esa dependencia puede adoptar distintas formas, pero se traduce básicamente en depender de la aprobación de los demás y en la sensación de que tu existencia solo tiene valor si los demás te necesitan.

En el momento que te plantees dejar una relación —ya sea un matrimonio, una amistad o un trabajo—, verás las cosas con más claridad si investigas con calma todas las implicaciones que tendrá dar ese paso. No hay nada malo en estar indeciso ni es un fracaso irte y luego volver, o incluso irte de nuevo y volver una vez más. Todas esas idas y venidas son la forma que tiene tu psique de lidiar con las grandes dudas sobre si estás o no en tu derecho de ser un individuo y reclamar el poder sobre tu vida. A veces será inevitable que haya esa profunda ambivalencia hasta que veas con claridad qué quieres y por qué.

Recuerda siempre que, mientras te debates en la indecisión, estás creciendo por dentro, aunque nadie lo vea, ni siquiera tú. Cada vez que haces el recorrido mental de las razones por las que quieres recuperar tu libertad, te haces un poco más fuerte, te acostumbras un poco más a la idea. Cuando por fin estás preparado en tu interior, los pasos en el mundo exterior son más fáciles. De hecho, cuando estás realmente preparado para marcharte, la partida tiene una calma y una plenitud muy particulares. Haber dedicado el tiempo necesario para estar seguro de querer dar el paso te evitará en buena medida futuras dudas y arrepentimientos.

Mientras no eres capaz de decidir si irte o quedarte, acepta que es así y concédete el tiempo necesario para llegar a una decisión que te transmita solidez. Nunca tomes una decisión precipitada; no te dejes presionar ni por los demás ni por la idea que alguien tenga de lo que significa ser fuerte. La verdadera fuerza y resolución nacen de estudiar con atención un problema, no de actuar de cualquier manera. La decisión fundamental no es si quedarte o marcharte; estás tratando de decidir si ser tú mismo o no.

25 Toma la iniciativa en las relaciones

Si esperas a que los demás adivinen lo que
necesitas, las relaciones se desmoronan.

Tener una buena relación nos exige a veces tomar la iniciativa. La mayoría hemos vivido más de una vez relaciones que eran todo menos estelares y, sin embargo, nos hemos resignado a que las cosas fueran como eran en lugar de intentar conducir la relación en una dirección más satisfactoria. Damos por sentado que no tenemos más remedio que aguantar la forma de ser del otro, cuando lo más probable es que nunca hayamos reflexionado sobre lo que nosotros queremos realmente de esa relación. Adoptamos el hábito de responder con pasividad en lugar de tomar las riendas.

Los padres emocionalmente inmaduros les enseñan a sus hijos a obedecer sin rechistar, así que tal vez aprendieras a ser exageradamente pasivo en tus relaciones. Pero si esperas a que los demás adivinen lo que necesitas, las relaciones se desmoronan. En vez de enfadarte por su insensibilidad, es más práctico que les digas lo que quieres que hagan. ¿Qué tipo de respuestas te gustaría recibir de ellos?

Obviamente, resulta más natural comunicarse con franqueza en las relaciones íntimas y de amistad. Pero también puedes tomar la iniciativa en relaciones que no has elegido, como en el trato con tus colegas de trabajo, con los vecinos o en reuniones de familia. Incluso estando en compañía de gente con la que tienes poco en común —y que no se van a dar cuenta de cómo te sientes ni de lo que quieres—, puedes brillar como líder de relaciones.

Las personas que toman fácilmente la iniciativa en cualquier tipo de relación tienen claro el trato que quieren recibir y qué hace que una relación les resulte gratificante. Piden que se las trate con respeto, que si en el trabajo alguien tiene que hacerles una crítica, lo haga con educación o que discrepe de sus opiniones sin insultarlas. Por ejemplo, a alguien que les ladra órdenes, quizá le dirían: «Me encantaría ayudarte y me encantaría que me lo pidieras con amabilidad», o si alguien se burla de las ideas políticas de un compañero, puede que le dijeran algo como: «Yo creo que es natural que cada cual tengamos nuestra forma de ver las cosas, y es interesante escuchar distintas opiniones». Son respuestas neutrales que elevan de inmediato el diálogo a un nivel más maduro.

Quienes saben lo que quieren de las relaciones pueden ir incluso un paso más allá y sugerir ideas sobre cómo hacer que una relación sea más gratificante para ambas partes. Por ejemplo, si alguien se presenta en tu casa cada vez que le apetece y a ti te enfada porque lo consideras una falta de respeto a tu privacidad, podrías decirle: «Por favor, llama antes de venir, para ver si en ese momento tengo tiempo o ganas de recibir visitas». Pero también podrías hacer un comentario más general sobre las bases de una buena relación, como: «Está bien avisar de antemano, por si esa persona está enfrascada en algo que no va a poder dejar a medias» o «Es más ameno el encuentro cuando las dos partes tienen la misma disposición a pasar un rato juntas».

Si alguien no respeta esa petición tuya, está claro que no se la ha tomado en serio esta primera vez. Sigue anclado en hacer las cosas como él quiere, por lo cual necesita que le hagas entender lo que significa un comportamiento respetuoso. Por ejemplo, si un compañero de trabajo te sigue hablando después de que le hayas dicho que necesitas concentrarte en lo que estás haciendo, puedes dirigir tú la relación diciéndole: «Para que podamos funcionar bien los dos, tenemos que respetar nuestros respectivos tiempos de trabajo. Cuando termine, te aviso, y si te viene bien seguimos hablando». A un amigo que se enfada porque no puedes pasar más tiempo al teléfono, le puedes decir: «Siento que te enfades. Espero que podamos resolverlo. Me alegro de que seas sincero conmigo». De forma respetuosa y puramente informativa, los estás ayudando a comprender algunos requisitos básicos para una buena relación.

En algunos casos, hará falta más que poner límites. Habrá quizá ocasiones en que sencillamente alguien te trate mal o te acuse de cosas que no son ciertas. Es entonces cuando la capacidad de iniciativa puede servirte para reconducir la conversación y no reaccionar de un modo que dañe el vínculo de forma irreparable. Si, por ejemplo, alguien te acusa de haber dicho algo con intención de herir sus sentimientos, podrías contestar: «Créeme que no era eso lo que pretendía», y continuar con una frase conciliadora que realce el valor de la relación, como: «Por favor, hay suficiente confianza entre nosotros como para que nos consultemos las cosas, en vez de sacar conclusiones sin fundamento», o si alguien está resentido contigo y no sabes por qué: «Es más fácil si nos explicamos con claridad por qué estamos disgustados cada uno».

A veces, la relación entre los hijos adultos y sus padres, sean emocionalmente inmaduros o no, es conflictiva porque tienen intereses contrapuestos. Como los padres están acostumbrados a ser las figuras de autoridad, deberá ser el hijo adulto quien abra camino hacia una relación más igualitaria y respetuosa. Por ejemplo, si tu padre o tu madre quieren llevar la voz cantante o darte consejos, les puedes decir: «Sí, me parece una buena idea, mamá, pero es importante que en esta ocasión piense bien lo que quiero hacer». Si acto seguido se enfadan y te hablan con dureza, puedes ser tú el que tome el timón diciendo: «Espero que te controles. Somos los dos personas adultas. ¿Cómo vamos a tener una buena relación de adultos si me hablas así?».

Ten presente que el objetivo último de tomar las riendas de una relación no es solo hablar en tu defensa. Tu intervención debe ser además un recordatorio de los principios esenciales de una relación e inspiraros a la otra parte y a ti a trataros mutuamente con respeto. Puedes elegir entre tomar la iniciativa o resignarte a aguantar lo que se te quiera imponer. No le haces ningún favor a nadie si conoces una forma de relación mejor pero no se la enseñas.

26 Por qué es importante la madurez emocional

Es de vital importancia saber qué grado de madurez emocional tiene la persona con la que nos planteamos embarcarnos en cualquier nueva empresa.

Hay circunstancias en las que tenemos que concederle a alguien poder sobre nosotros, como cuando nos presentamos a una entrevista de trabajo, elegimos un nuevo profesor o dirigente, o entramos a formar parte de una asociación jurídica. Y el grado de madurez emocional que tenga esa figura de autoridad puede suponer una diferencia abismal en nuestra calidad de vida.

La madurez emocional de un líder se trasluce, por ejemplo, en que demuestre interés por otras personas o por asuntos que no le conciernen directamente. Se trasluce en su capacidad para afrontar con objetividad la realidad de una situación y de sentir empatía hacia los demás, así como en sus muestras de autorreflexión y compromiso. Podemos confiar en que un líder o jefe que reúna estas cualidades asumirá su responsabilidad, corregirá sus errores y tendrá en cuenta lo que piensan y sienten los demás.

Es fundamental que quienes ocupan posiciones de poder, como es el caso de padres, jefes, profesores y líderes, tengan madurez emocional, ya que para hacer bien su trabajo necesitan tener un claro sentido de la justicia y sincero interés por el bienestar de aquellos que están a su cargo. Las personas emocionalmente inmaduras no tienen ni lo uno ni lo otro. Ser justo y pensar en lo que más les conviene a los demás va precisamente en contra de la directriz primordial de una persona EI, que es satisfacer en primer lugar sus propias necesidades. Estar bajo el control de alguien emocionalmente inmaduro es un sufrimiento; por eso es de vital importancia saber qué grado de madurez emocional tiene la persona con la que nos planteamos embarcarnos en cualquier nueva empresa.

Que alguien que ocupa una posición de poder sea una persona justa significa que es capaz de olvidarse de sí misma cuando es necesario e imaginar no únicamente lo que a ella más le beneficia, sino lo que es también mejor para todos. Esto es algo que hacen de forma natural los individuos emocionalmente maduros. Les causa malestar una injusticia cometida contra cualquiera incluso aunque a ellos personalmente pudiera beneficiarlos. Tienen el sentimiento básico de que los demás, al nivel humano más fundamental, merecen tanto como ellos recibir un trato justo.

En cambio, las personas EI viven tan preocupadas siempre por sí mismas que inconscientemente se aprovechan de los demás. No se dan cuenta de lo que siente nadie porque son incapaces de imaginar emocionalmente las experiencias de otros. Su personalidad carece de la multidimensionalidad necesaria como para que se pregunten qué siente aquel a quien se está tratando injustamente. Mientras no les ocurra a ellas, no ven la necesidad de ponerse en su lugar. Quizá con palabras finjan que les preocupa, pero a continuación, invariablemente, el jefe, líder o socio EI harán algo tan egocéntrico que te darás cuenta con gran sorpresa de lo poco que les importa en realidad el bienestar de los demás. Este rasgo suyo suele ser manifiesto cuando está en juego un asunto de importancia, pero ten por seguro que antes había habido ya innumerables detalles que delataban su falta de verdadero interés por nadie.

Cuando nos sentimos valorados, esa conciencia de que se nos tiene en cuenta crea una atmósfera de seguridad y compromiso. Para dar lo mejor de ti, necesitas sentir que aquellos que tienen poder sobre ti son capaces de lidiar eficazmente con la realidad, tratarte con justicia y comprender por lo que puedas estar pasando. Estas capacidades se derivan ni más ni menos que de su madurez emocional. Para el jefe o líder emocionalmente maduro, estamos todos juntos en lo que sea. Para los emocionalmente inmaduros, estamos todos en lo que sea para servir a sus intereses.

Cuando te plantees comprometerte con cualquier persona que vaya a tener cierto control sobre tu vida, fíjate en lo siguiente: ¿es suficientemente realista?, ¿es justa, especialmente en los pequeños detalles?, ¿sientes que te tiene en cuenta en el sentido humano más básico?, ¿escucha tu punto de vista? Si trabajas con alguien que cumpla estos requisitos, darás lo mejor de ti porque te sentirás seguro y tranquilo. Un ambiente de sintonía empática, en el que se te valora y se te trata con justicia, hace aflorar tu talento y activa tu energía. La madurez emocional es fuente de contento no solo para quien la tiene, sino también para aquellos que se relacionan a diario con él o ella. Cuando te asocias con individuos a los que les importa tu bienestar, su generosidad os eleva a todos, a ellos y a ti. Eres más que un medio al servicio de su éxito. Cuando tengas que concederle a alguien poder sobre ti, asegúrate de que sea alguien que quiera proteger tus intereses tanto como los suyos.

Las personas difíciles

Las personas difíciles suelen mantenerse ciegas a tu experiencia interior. Interactuar con ellas es muchas veces frustrante, agotador e incluso deprimente. No dejes que la pasividad que aprendiste a adoptar de niña se traduzca en darles permiso para que te dominen. Podrás disminuir el alcance de su control y defender activamente tus intereses una vez que entiendas cómo tratar con ellas.

27 Personalidades dominantes

No quieren tener una relación mejor contigo; quieren ganar.

En el programa de televisión *El encantador de perros*, invariablemente César Millán tiene que explicarles a los dueños de los perros cuáles son los fundamentos de la dominación en el mundo canino. Buena parte del trabajo de Millán consiste en *adiestrar* a los dueños, para que se conviertan en el dominante líder de la manada en cuanto su perro intente tomar el control. La mayoría ponen cara de sorpresa absoluta cuando Millán les cuenta que cualquier señal de debilidad suya tienta al perro a asumir el poder.

Admito que las primeras veces que vi el programa, yo también pensé que la agresividad con que se enfrentaban los perros a sus dueños era una reacción de miedo o de origen patológico. No se me ocurrió pensar que el perro estuviera siendo *dominante* al comportarse así, menos aún cuando se trataba de algún perro pequeño. Probablemente no consideré siquiera esa posibilidad porque, lo mismo que sus dueños, por lo general tengo la sensación de que un perro es una criatura peluda que, como un niño pequeño, necesita cuidados y cariño. ¿Cómo podemos estar tan ciegos a que la cuestión esencial es la dominación?

Tal vez la razón por la que no reconocemos la dominación como factor determinante del comportamiento agresivo de nuestras mascotas es que nos han enseñado a *no verla* en los seres humanos. En su libro *El mono que llevamos dentro*, Frans de Waal comenta que el tema de la dominación se omite desde siempre en los estudios del comportamiento humano. En el ámbito de la psicología, el comportamiento dominante recibe el nombre, por ejemplo, de *narcisismo* o *psicopatía* o *trastorno de ira intermitente*. Pero nos resistimos a llamarlo por su nombre, el nombre que tiene en el mundo animal. Los humanos nos engañamos creyendo que lo normal es que seamos cooperativos con nuestros semejantes, cuando no hay realidad más común entre nosotros que las luchas de poder. Para un experto en animales es más fácil ver el comportamiento dominante como lo que es: una entidad que ejerce control sobre otra para conseguir el estatus de líder alfa.

En las familias humanas, los miembros dominantes no suelen demostrar a mordiscos quién es el que manda, sino que utilizan medios psicológicos. Es posible que tu padre o tu madre EI te dominaran de esta manera, afirmando su posición de mando mediante la intimidación, sutil o manifiesta, o provocándote sentimientos de culpa, vergüenza e inferioridad. Estos déspotas alfa avasallan a cualquiera que valore más la armonía que el estatus; para mantener el suyo, por supuesto.

Por lo general, quienes tienen una personalidad dominante no consideran que su comportamiento sea agresivo. Se consideran individuos inteligentes y protectores, que saben qué hacer en cada situación y deben por tanto aconsejar a los demás. Si se los tachara de dominantes, se sentirían profundamente incomprendidos, porque tienen el convencimiento de que solo hacen lo que es mejor para todos. Creen de verdad que sería ventajoso para cualquier grupo tenerlos a *ellos* en lo más alto de la jerarquía.

En realidad, en algo no se equivocan, y es en la necesidad de un líder. Cualquier manada animal que se precie necesita que alguien esté al frente. La calma y la seguridad solo son posibles cuando sabemos quién dirige las cosas. Si no hubiera alguien dispuesto a tomar las riendas, a arbitrar en las peleas y a decirle a cada cual a qué atenerse, tanto los animales como los humanos viviríamos en un perpetuo estado de inseguridad existencial. Pero el liderazgo no consiste solo en dominar, sino también en velar por el bienestar de todos. Si un perro o una persona es un líder injusto o agresivo, el grupo entero sufre. Un perro que es mal líder puede acabar perdiendo su rango de alfa. Un ser humano que abuse de su poder acabará despedido o divorciado.

Las personas dominantes tienen muchas similitudes con los animales alfa. Del mismo modo que los simios y los perros, se aferran a su posición de dominio una vez que la han conseguido y lucharán con todas sus fuerzas para conservarla, incluso aunque posiblemente fueran más felices si renunciaran a vivir con esa presión. Estas personas tienden a ser desconfiadas e hipercríticas porque solo se sienten seguras cuando encuentran debilidades en sus posibles rivales; y todo el mundo, incluidos sus hijos, es un posible rival. Negarán con fanatismo sus propias debilidades para que ningún advenedizo se aproveche de ellas y gane puntos. Por eso es inútil explicarles que su comportamiento nos ha herido. No quieren tener una relación mejor con nosotros; quieren ganar.

Entre los primates macho, la posición de dominio se consigue y se conserva a base de conductas intimidatorias. Entre las hembras primates, se logra el dominio con tácticas más sutiles, como por ejemplo una negativa manifiesta a aceptar u ofrecer cuidados a algunas hembras del grupo, que se traduce en desaires y en negarse a compartir el alimento con ellas. En el mundo humano, las hembras pueden recurrir además a las críticas y a la habilidad para generar un sentimiento de culpa en sus rivales.

Cuando convives con personalidades dominantes, acabas haciendo muchísimo trabajo emocional, sobre todo si es algo ya habitual en ti porque creciste con un padre o una madre emocionalmente inmaduros. Como consecuencia de pasarte la vida atendiendo las órdenes y deseos de todas esas tenaces personalidades alfa, probablemente se habrá ido acumulando en ti un enorme cansancio. Es agotador estar siempre pendiente de cómo reaccionará la persona alfa. Pero la energía y la esperanza se reavivarán si te das cuenta de que no tienes por qué mostrarte débil simplemente porque alguien disfrute demostrando que es él quien manda.

Una vez que entendemos la dominación como lo que es —un deseo insistente de tener el control—, podemos no tomarnos ningún comportamiento dominante como algo personal. Por ejemplo, si alguien te critica o te desprecia, haz la prueba de ver ese gesto por lo que realmente es: una táctica de dominación, en lugar de cuestionar tu valía como persona.

El comportamiento dominante tiene un único objetivo, que es rebajarte para que la persona alfa pueda mantener su poder y su rango. Es tan simple y liberador como esto. El encantador de perros sabe reconocer una táctica de poder en cuanto la ve. También tú puedes hacerlo.

28 Los habladores tiránicos

Tener que oír su discurso es como estar obligada a escuchar a alguien leer las noticias locales de un periódico de otra ciudad.

Quizá sea un problema que tenemos solo la gente introvertida, pero me pregunto cuántos sufrís por tener que estar en compañía de personas que no paran de hablar. No me refiero al simpático del grupo, que habla un poco más de la cuenta pero a la vez consigue mantener animada la conversación con sus continuos comentarios ingeniosos. Me refiero al tipo de persona cuya conversación parece un camión sin frenos precipitándose carretera abajo desde lo alto de la montaña. No hay nada que lo pueda detener.

Los llamo «los habladores tiránicos» por la cualidad impulsiva y controladora de su discurso. Las palabras salen de su boca sin interrupción según van reaccionando a sus propios pensamientos. Se obsesionan en voz alta con detalles sin importancia, como intentar recordar el apellido de alguien, el parentesco de ese alguien con otro alguien o la fecha exacta en que ocurrió algo. Mientras tanto tú, la oyente, no tienes el menor interés en que sus recuerdos encajen unos con otros ni te importa quién es quién ni cuándo ocurrió exactamente nada. Tener que oír su discurso es como estar obligada a escuchar a alguien leer las noticias locales de un periódico de otra ciudad: un hecho tras otro sobre gente a la que no conoces.

Estos habladores no dejan que nadie más pueda decir nada. Monologan con el mismo arte que un cantante profesional, controlando las inhalaciones para que nunca haya un resquicio que te permita hacer un comentario o cambiar de tema. Cuando necesitan hacer una pausa para recuperar el aliento, consiguen mantener el monopolio de la conversación con un largo «y...» o «hummm...»

o «entonces...», que te obliga a callarte a mitad de palabra si al fin ibas a decir algo. Esta palabrita que usan para seguir dominando la conversación te engaña, te hace creer que están a punto de contar algo importante. Pero en el caso del hablador tiránico, eso casi nunca ocurre.

El discurso del hablador tiránico es compulsivo, está impulsado desde dentro sin las aportaciones de ningún interlocutor. Este hablador no es consciente de que aburre a todos, del tiempo que lleva hablando ni de que quizá sus oyentes quieren también decir algo. Habla y habla como si dispusiera de todo el tiempo del mundo, como si nadie tuviera que ir a ningún sitio ni nada más que hacer.

Su objetivo es a todas luces retener tu atención el mayor tiempo posible, lo cual pone de manifiesto la inmadurez emocional de esa necesidad apremiante. Su deseo no es disfrutar de una conversación participativa entre personas adultas; recuerda más a la ansiedad de los niños que se sienten emocionalmente desatendidos y no se atreven a dejar de hablar porque entonces mamá ya no les prestará ninguna atención. Como no confían en que a los demás les interese realmente nada que puedan contar, toman el control de la interacción desde el primer momento y los obligan a enfocar en ellos su atención pase lo que pase. Con este egocéntrico estilo de comportamiento social, consiguen mantener a la audiencia cautiva, pero por poco tiempo. Los demás aprenden rápidamente a relacionarse con estos habladores solo en pequeñas dosis, o los evitan, o se aseguran de tener una vía de escape cuando están con ellos. Los habladores tiránicos no se dan cuenta de que pierden cada día la oportunidad de mantener una comunicación real y emocionalmente satisfactoria. Parece que temieran volverse invisibles si dejan de hablar.

Si crees que podrías tener tendencias tiránicas cuando hablas, pregúntate si das a los demás la oportunidad de hablar, si haces pausas y preguntas. Una buena regla puede ser que, cuando hayas hablado por espacio equivalente a un párrafo, lo cierres con un pequeño comentario final para dar pie a que hablen los demás. En cada conversación, asegúrate de hacerle al menos dos preguntas a tu interlocutor y escúchalo a continuación durante al menos treinta segundos.

Si, por el contrario, te encuentras normalmente en el lado receptor del discurso tiránico, pregúntate si tal vez podrías estar contribuyendo al comportamiento agotador de ese hablante. Como hija de un padre o una madre EI, ¿aprendiste a dejar siempre que otros monopolizaran la conversación, porque tu padre o tu madre se impacientaba cada vez que empezabas a contar algo? ¿Te has esforzado excesivamente hasta ahora por ser demasiado educada, incluso aunque la necesidad de expresarte dé gritos en tu interior?

Si es así, puedes utilizar al hablador tiránico para corregir esa tendencia a ser forzadamente modesta. Los habladores tiránicos te ofrecen una magnífica oportunidad para que empieces a expresar todo lo que quieras. Están absorbidos en sí mismos hasta tal punto que apenas se darán cuenta de lo que dices ni se ofenderán porque interrumpas su monólogo verbalizando tus pensamientos. Están recubiertos de una capa de teflón que los aísla de cualquier objeción tuya. Puedes probar una y otra vez a decir lo que se te antoje, y ellos seguirán a lo suyo, lo cual te da una excelente posibilidad de ejercitar sin fin tu divino derecho a expresarte.

Recuérdalo siempre: tienes derecho a que se te escuche, no solo a que se te vea, y los habladores tiránicos pueden ser justo lo que necesitas para recuperarte. Habla más alto. Levanta la voz para intervenir o redirigir la conversación hacia algo que a ti te interese. Los habladores tiránicos, como el niño ansioso, quizá te agradezcan secretamente que los liberes de tener que llevar la voz cantante.

29 El desaire

Al responder con decisión, rehúsas aceptar la culpa.

De todos los comportamientos hirientes que los seres humanos solemos tener unos con otros, el desaire está entre los peores. Solemos asociar la idea del castigo con infligir dolor físico o imponer una privación de algún tipo. Pero en cualquier clase de relación, desairar al otro le causa un daño sin igual. Cuando ignoramos a alguien y rechazamos sus proposiciones, lo hacemos sentirse avergonzado e impotente.

El desaire es por lo general patente y directo. Te sientes excluida, y está muy claro que esa persona está enfadada contigo y tiene algo contra ti. El aspecto más insidioso de que alguien te ignore manifiestamente es que la mayoría de las veces no sabes qué has hecho mal, lo cual te lleva a obsesionarte con qué posible atrocidad habrás cometido.

Pero hay además formas de humillación más sutiles que te hacen preguntarte si estás loca por pensar que alguien está veladamente enfadado contigo. Percibes su frialdad; aunque se muestre agradable e incluso alegre, sabes que la conexión entre vosotros se ha roto. Si le preguntas, quizá te dirija una mirada inocente y arquee las cejas, como dando a entender que son imaginaciones tuyas. Lo peor de todo en ese momento es que, por mucho que te asegure que no pasa nada, tú sabes que algo ha cambiado radicalmente.

Ya sea velado o manifiesto, el desaire hiere la confianza que había entre dos personas que tenían una conexión. En lugar de cercanía, sientes separación y aislamiento. Si eres alguien a quien le importa llevarse bien con los demás, un trato distante puede hacer que te sientas condenada a un solitario destierro. No hay nada que puedas hacer para restablecer la conexión con esa persona.

Por si todo esto no fuera suficientemente desolador desde el punto de vista emocional, sentirte ignorada tiene además efectos físicos invisibles. Cuando alguien te trata con desdén, más aún si es tu padre o tu madre EI durante la infancia, se desajusta la parte del sistema nervioso que crea una sensación de seguridad y protección a partir de la conexión afectuosa con los demás. Posteriormente en la vida, que alguien de repente se muestre distante contigo puede activar esos sentimientos primarios de inseguridad e incluso provocarte un derrumbe emocional ante la sola idea de perder la aprobación de esa persona. Esta sensación de inseguridad y desconexión emocional en una relación puede causar estrés a los principales órganos del cuerpo, elevar la presión sanguínea y provocar un desequilibrio entre los sistemas internos.

Un desaire nos hace darnos cuenta de hasta qué punto necesitamos todos una buena disposición por parte de los demás. Dado que las emociones son contagiosas, cada uno de nosotros tenemos la capacidad de hacer que aquellos con los que nos relacionamos se sientan seguros o inseguros. En las relaciones de gran intimidad emocional, como una relación de pareja o la relación entre padres e hijos, podemos llegar a interpretar la reacción del otro como una aprobación o desaprobación de nuestra existencia misma. Si, por ejemplo, había veces en que tu padre o tu madre EI parecían convertirse en una estatua de hielo y no querían ni que te acercaras, seguro que te acuerdas de que era como si te hubieran extraído de golpe la energía vital, metafórica y literalmente.

¿Qué debes hacer si alguien te humilla ignorándote? En primer lugar, date cuenta de que esa persona está utilizando una conducta en lugar de palabras para expresar lo que siente. Probablemente lo aprendió de su familia y ahora hace contigo lo que antes hicieron con ella. Entiende, por tanto, que quizá no sabe cómo hablar de sus sentimientos o verbalizar que no está de acuerdo contigo en algo. No dejes que su rechazo crezca dentro de ti hasta ocuparlo todo, a base de darle vueltas obsesivamente y sentirte culpable. Dirígete a ella siendo consciente de que está disgustada y dile: «Veo que estás molesta conmigo. Me gustaría saber qué he hecho que te ha afectado tanto, pero quizá este no sea el momento. Podemos hablar más tarde si quieres, cuando te encuentres mejor». Y déjalo ahí.

Basta con que tengas una disposición *activa* en vez de pasiva para que te sientas mejor al instante. El poder del desaire está en conseguir que te sientas aislada y dejarte en una posición de pasividad. Cuando en lugar de retraerte respondes activamente con un comentario amistoso y lo dejas ahí, la actitud de esa persona se queda sin fuerza. Al entender su comportamiento como una manifestación de su limitada habilidad comunicativa, y no como un castigo, rehúsas aceptar la culpa. Lo redefines como lo que realmente es: la dificultad de esa persona para comunicar sus emociones, no un absoluto rechazo por su parte. Un desaire es una bomba atómica para una relación solo si aceptas la culpa.

¿Alguna vez eres tú quien adopta esa actitud de desdén? Podrías probar a responder de una manera menos hiriente para la relación. ¿Qué te parecería decirle a la otra persona que te está costando procesar lo que acaba de ocurrir y pedirle que te dé un poco de tiempo para entender lo que sientes? Además, podrías asegurarte de que entiende que no la estás rechazando, que solo necesitas espacio. Puedes prometerle que hablaréis de todo una vez que las cosas se hayan calmado un poco. Más tarde, puedes explicarle que te resulta muy difícil seguir hablando cuando algo te ha disgustado mucho.

En una relación íntima, entran en juego tal cantidad de necesidades y emociones que cualquier comportamiento nuestro tiene un enorme impacto. Podemos hacer de nuestro rincón del mundo un lugar más grato si somos capaces de discrepar del otro y hablarle de lo que nos ha herido sin retirarle nuestro amor. Cuando renunciamos a utilizar la frialdad como arma, dejamos de castigarnos unos a otros por ser humanos y elegimos preservar la conexión.

30 Es tan buena persona...

Porque alguien tenga buenas cualidades, no
niegues el daño que te ha hecho.

Uno de los recursos más eficaces de que disponemos para proteger nuestra autoestima es la capacidad de saber cuándo alguien está siendo desconsiderado con nosotros. Si tenemos esto claro, hay muchas menos probabilidades de que nos sintamos culpables o nos tomemos a pecho cualquier crítica injustificada. Sin embargo, he visto que los hijos e hijas adultos de padres EI suelen ser reacios a considerar que el comportamiento de alguien cercano, ya sea un miembro de su familia o un amigo íntimo, pueda ser malintencionado. Por ejemplo, un cliente me cuenta que su padre se mostraba siempre distante y poco afectuoso, y a continuación remata la descripción con alguna variante de «pero era un buen hombre». O termina su retahíla de quejas sobre el comportamiento desconsiderado de una amiga con un «pero es tan buena persona...».

Cuando oigo al mismo tiempo descripciones tan contradictorias, me quedo con la boca abierta. Al registrar dos conceptos mutuamente excluyentes, el pensamiento analítico se bloquea, mientras el cerebro trabaja a marchas forzadas intentando hacer lo imposible. En otras palabras, no consigo entender cómo alguien que se ha comportado con total desconsideración *es* una buena persona.

Pensar en los comportamientos contradictorios de cualquiera que conozcas acaba dejándote igual de anonadada. Por tanto, para amortiguar el desconcierto de que alguien a quien aprecias haya herido tus sentimientos sin inmutarse, simplemente zanjas el asunto con una frase tranquilizadora que no permita darle una sola vuelta más, como: «Pero es una buena persona» o «Eso no quita para que sea un buen tipo».

Lo que me inquieta no es que se hagan afirmaciones benévolas sobre alguien porque se le concede el beneficio de la duda. Me inquieta que se utilicen para disculpar conductas hirientes, irrespetuosas o despreciativas que habrían resultado obvias si hubieran venido de un extraño.

Cuando encubres el comportamiento despectivo y desleal de una persona calificándola de «generosa», «buena» o «bienintencionada», estás dañando *tu* autoestima. Es otra forma de decir que, en realidad, lo que quiera que hiciera lo hizo «sin querer». De acuerdo, en ese caso, quizá debas llegar también a la conclusión de que tú eres exageradamente sensible o neurótica, para que haya podido afectarte tanto el comportamiento inocente que tuvo contigo esa «buena persona».

Cada vez que invalidamos nuestras reacciones emocionales para apuntalar la imagen que tenemos de otro o el concepto que él tiene de sí mismo, ponemos un pie en el camino hacia la depresión. Por fuerza ha de ser así, ya que confiar en la verdad de nuestras percepciones es lo que nos hace estar vivos por dentro; y tengo que añadir: es lo que nos hace ser conscientes de cómo nos tratan realmente los demás.

Si hay personas en tu vida que a veces se portan bien contigo y a veces se portan mal, procura tener en cuenta que *ambas* partes son verdad. No tienes ninguna obligación moral de destacar su «bondad» general a pesar del daño que hayan podido causarte. Porque alguien tenga buenas cualidades además de malas, no niegues la realidad del daño que te ha hecho. Acepta que la verdad sobre esa persona incluye ambos lados y sé sincera contigo misma sobre lo que tienes entre manos. De este modo, podrás confiar en tus reacciones y mantener intacta tu autoestima. Puedes seguir siendo amiga de esa persona, pero no tiene por qué ser a costa de invalidar tu verdad.

31 El espejo vacío

Que alguien no te responda puede matarte el espíritu.

Esta es a tu salud, señor Guarda del Peaje. Hace años, solía haber a la salida de la ciudad un peaje atendido por empleados uniformados. La mayoría de ellos eran auténticos maestros zen de la eficiencia impersonal. Tomaban el dinero, te daban el cambio y ya está. Yo siempre les decía «gracias», pero ellos mantenían una estricta profesionalidad, ya con la mirada relajadamente puesta en el siguiente coche. En otras palabras, rara vez conseguí que ninguno de ellos me respondiera. Excepto uno.

Recuerdo la primera vez que lo vi. Fue como haber estado viviendo hasta entonces en la penumbra de un mundo iluminado con velas y, de repente, su sonrisa de supernova lo iluminó todo como una llamarada de magnesio. Se inclinó sobre la portezuela y, con medio cuerpo asomado fuera de la pequeña cabina, me dedicó la sonrisa más cálida y radiante que hubiera visto jamás. Era mucho más que una sonrisa: era la alegría de su primer día de trabajo, era la emoción de poder saludar al público y tener una interacción de la más alta calidad condensada en dos segundos. Aún recuerdo la sensación de la ancha sonrisa con que le devolví el saludo. «¡Gracias a Dios! –pensé–, ¡un ser humano de verdad que ha venido a cambiar las cosas en este peaje!».

Ahora me doy cuenta de lo ingenua que era yo y de lo sabios que eran todos los demás empleados con su actitud zen. Habían encontrado el término medio de la interacción sin compromiso. Eran supervivientes que habían tenido que convertirse en arquitectos de su propia experiencia, mientras que aquel hombre alegre se había zambullido desprotegido, sin ninguna filosofía ni táctica consciente que lo resguardara del asalto aturdidor de personas insensibles que, durante horas y horas, pasaban a su lado como piezas de una cadena de montaje.

Uno o dos meses más tarde, volví a pasar por el puesto de aquel hombre. Tomó el dinero con la cara más triste que se pueda imaginar y los ojos hundidos. Todo en él se había apagado. Solo quedaban cenizas grises, las ruinas que deja una gran depresión. Nunca lo volví a ver.

Aquel espíritu resplandeciente había irradiado su luz al cosmos, y nadie se había molestado en reflejarla y devolverle su reflejo. Probablemente los conductores tenían demasiada prisa como para que les importara demasiado su evidente deseo de conectar. La suya era una camaradería unilateral, abocada a extinguirse.

No recibir respuesta a una proposición amistosa nos crea un tipo de sufrimiento muy particular. Los científicos han hecho experimentos con madres y sus bebés para estudiar el efecto de una cara inexpresiva. Las madres los miran, pero se les ha dicho que no respondan con ninguna expresión facial a los intentos del bebé por interactuar con ellas. No hace falta que te diga cómo reaccionan los bebés. Sabes lo que se siente al recibir una mirada glacial, aunque sea de un desconocido, así que mejor no imaginar lo que es recibirla de tu madre. No recibir respuesta a una iniciativa amistosa nos provoca a la mayoría una profunda angustia a cualquier edad. Los estudios han revelado que, si se nos retira el apoyo social, las hormonas del estrés aumentan en la misma medida de ese rechazo.

Los seres humanos establecemos conexión emocional reflejando las expresiones faciales y el lenguaje corporal unos de otros. Esta maravillosa dinámica de reflejos sincronizados no es ni mística ni accidental. Tiene un fundamento físico y es esencial para un desarrollo integral sano. En un acto reflejo, las neuronas espejo cerebrales nos hacen reproducir en nuestro propio rostro la expresión que vemos en nuestro interlocutor, y gracias a eso podemos comprenderlo. Es un proceso totalmente involuntario, un regalo que le debemos a una etapa muy antigua de nuestra historia evolutiva.

Por eso las personas con las que pasamos tiempo a diario son tan importantes para nuestro estado de ánimo y nuestra salud mental. Tenemos un impacto emocional los unos en los otros porque nuestros cuerpos se copian mutuamente a cada instante.

Esta es también la razón biológica por la que desarrollaste una baja autoestima si creciste con un padre o una madre EI críticos y a menudo enfadados. Inevitablemente, imitabas su ceño fruncido y su mirada de desaprobación. No es que te limitaras a observar su actitud crítica, sino que subliminalmente la reprodujiste innumerables veces en innumerables interacciones. Esta es la razón física por la que interiorizamos las peores partes de los padres EI y de las personas que nos hacen infelices. En cada interacción con ellos, involuntariamente nos hacemos espejo una y otra vez de sus expresiones hasta en los detalles más mínimos.

El hombre del peaje intentaba conectar con los conductores en una situación social en la que, para ellos, la respuesta normal era el desdén. Y él, que era un tipo cálido y empático, no tenía otro remedio que reflejar repetidamente esos rostros insensibles a lo largo de cada turno. Por eso al final aprendió a apartar la mirada. Quienquiera que fuese el que contrató a aquel hombre tan sumamente simpático debería haberle advertido, por motivos de salud: «Este trabajo te destrozará las neuronas espejo».

Tenlo en cuenta la próxima vez que elijas un nuevo empleo o a un nuevo amigo. Solemos evitar las situaciones patentemente desagradables, pero quizá no somos conscientes de hasta qué punto puede perjudicarnos la falta de espejos que nos reflejen. Si tienes la suerte de ser una persona emocionalmente comunicativa, la mirada inexpresiva o la falta de respuesta amistosa de otra persona pueden ser muy perjudiciales para tu estado de ánimo y tu salud mental.

Señor Guarda del Peaje, estabas hecho para cosas mejores que aquella. Espero que las hayas encontrado.

32 Los lobos sociales

Tienes perfecto derecho a no dedicarles tu atención y tienes perfecto derecho a no querer saber nada de ellos.

Hay lobos entre nosotros, como descubrió Caperucita Roja. Su madre la envía al bosque a llevarle comida a su abuela anciana. Un lobo la detiene, y Caperucita, con toda ingenuidad, le cuenta que va a casa de su abuela. El lobo se apresura y consigue llegar a la casa antes que Caperucita. Se traga entera a la abuela y se hace pasar por ella, metido en la cama esperando a que Caperucita aparezca. Cuando esta ve al lobo vestido con el gorro y el camisón de su abuela, tiene dudas y expresa con voz vacilante el desconcierto que le producen los ojos, las orejas y, por último, los dientes de la abuela. Su incertidumbre le ofrece al lobo la oportunidad de intentar comérsela a ella también. Pero justo en ese momento un leñador oye sus gritos, corre a ayudarla, mata al lobo y le abre el estómago para rescatar también a la abuela.

Este lobo intentó alimentarse de la vida de otros y utilizó subterfugios para encandilar y confundir a sus víctimas («Solo soy un viajero como tú, en medio del bosque. Solo soy un pobre ser inválido, postrado en cama»). El objetivo del lobo era engullir la energía vital de Caperucita Roja para reponer la suya propia.

Hay lobos humanos que hacen lo mismo, y nosotros, como Caperucita, no pensamos que sean peligrosos y por tanto no nos protegemos. Nadie nos enseñó lo dañinos que son esta clase de lobos, así que somos presa fácil de sus artimañas. También los lobos humanos se camuflan para conseguir lo que quieren y con frecuencia nos presentan la imagen de una persona a la que no podemos decir que *no*, similar en algún sentido a la de una indefensa abuelita.

Estos lobos son emocionalmente inmaduros y se disfrazan de afectuosos amigos, padres respetables o desamparadas víctimas de una vida trágica. Sea cual sea su disfraz, el mensaje que te envían es el mismo: «Tienes que ocuparte de mí». El lobo social siempre te propone el mismo trato: «Dedica toda tu energía y atención a satisfacer mis necesidades, y yo pondré las tuyas en segundo lugar». Los lobos sociales son voraces. Andan siempre en busca de su próxima comida, y ninguna es nunca suficiente.

Los lobos sociales son agotadores porque no tienen capacidad para mantener una verdadera conexión con nadie. Su oferta de relación no es en realidad recíproca, por mucho que de entrada te colmen de atenciones y demuestren interés por ti. Parece que te estén prometiendo vinculación e intimidad, pero cualquier intento tuyo por abrirte y compartir con ellos la verdad de quien eres cae en saco roto. Acabas viviendo con una sensación de impaciencia; te dan tan pocas oportunidades de deslizar tus pensamientos en la conversación que tienes que aprovecharlas. Pero si consigues contarles algo íntimo, en vez de empatía puede que te den consejos o que cambien de tema y empiecen a hablar de algo suyo. Es imposible conectar de verdad con ellos de una manera estimulante, reconfortante o enriquecedora. Los lobos sociales se cuidan de no mostrar su verdadera naturaleza. Al principio, utilizan sus artes de seducción social para fascinarte, y con sobrados motivos: ¡Qué ojos tan grandes tienes! *Para verte mejor, querida*. ¡Qué orejas tan grandes tienes! *Para oírte mejor*. Te convencen de lo importante que eres para ellos. Pero esto es todo lo contrario de lo que descubres una vez que has caído en la trampa. Esos ojos y esas orejas tan atentos se dan media vuelta y empiezan a encogerse a medida que el lobo va devorando tu atención.

El arma secreta que utilizan estos lobos sigilosos es la norma cultural de que debes dedicar toda tu atención y tus cuidados a ciertas personas que desempeñan ciertos roles o que se encuentran en cierta clase de apuros. El victimismo, la enfermedad o el vínculo familiar son algunos de los árboles tras los que se esconden para poderte engullir. Parecen seres débiles y necesitados, que tienen derecho a pedir todo lo que quieran. Tus necesidades jamás podrían ser ni de lejos igual de urgentes que las suyas. Muy pronto, los lobos y sus problemas son el centro de todos tus pensamientos. Muy pronto, empiezas a sentirte culpable por no estar dedicándoles más tiempo y atención. Muy pronto, comienza a darte pavor saber de ellos.

Para ser justos con estos lobos, debemos tener en cuenta que probablemente ellos a su vez fueron criados por lobos. Como consecuencia, es muy posible que tengan una enorme necesidad de atención y afecto.

Pero no es responsabilidad tuya satisfacer esa necesidad. Tienes perfecto derecho a no dedicarles tu atención y tienes perfecto derecho a no querer saber nada de ellos. Ten por seguro que encontrarán a otra persona. Te convencieron de que tú eras su única esperanza de conseguir al fin lo que necesitaban, pero no era más que codicia disfrazada con un gorro y un camisón.

Si esa persona a la que acabas de conocer no es un lobo social, estarás deseando pasar tiempo con ella. Tras cada encuentro, te sentirás feliz y satisfecha. Y lo más revelador, te dará una gran alegría verla de nuevo.

Piensa en el leñador. Es la clase de individuo que está alerta a las necesidades de los demás y corre en su ayuda. Es generoso y protector, capaz de detectar a un lobo a cien metros; le importan los demás y aparece cuando se lo necesita.

Además de los maravillosos leñadores que hay en el mundo, tú tienes una leñadora *interior* a la que puedes recurrir si alguna vez tienes problemas con un lobo social. Es esa parte de tu personalidad que valora al ser humano que eres, esa parte fuerte, protectora de tus energías emocionales. A esta parte autoprotectora de la personalidad le trae absolutamente sin cuidado que el lobo se queje de que has herido sus sentimientos o que monte en cólera porque no se le permite seguir engullendo a su antojo todo lo que aparece. Tu leñadora interior cuida de mantener siempre a tu alrededor una distancia de seguridad, porque conoce la naturaleza del lobo.

No te dejes engatusar por ningún lobo social y acabes haciendo de Caperucita Roja. Discúlpate educadamente lo antes posible, para no acabar en su barriga.

33 ¿Estás obligada a perdonar?

Puede que sea pedirte a ti misma demasiado.

Se cuenta que un antropólogo había empezado a compilar un diccionario de la lengua de una tribu a la que estaba estudiando. Al llegar a la palabra *perdón*, le pregunta al jefe de la tribu qué término utilizan ellos. El jefe se queda perplejo y le pide que le aclare la pregunta. El antropólogo se lo explica con un ejemplo de lo que es perdonar, y al jefe se le ilumina la mirada: «Ah, sí —contesta—, nosotros decimos: "Se la devuelvo"».

Me encanta esta anécdota, porque dice algo muy cierto sobre el espinoso tema del perdón. Lo más probable es que te enseñaran que ser una buena persona significa perdonar, pero sabes que a veces no es tan fácil. Por mucho que lo intentas, sigues sintiendo de fondo cierta rabia y resentimiento, más aún si ese a quien perdonas no parece que esté demasiado arrepentido.

Si aquel que te ha ofendido comprende lo angustiada que estás y lamenta profundamente lo que ha hecho, te cuesta menos perdonarlo. Aunque quizá nunca olvides lo que ha pasado, puede que el resentimiento disminuya un poco si esa persona reconoce que es legítimo el dolor que sientes y se responsabiliza de haber contribuido a él. Es posible que también tú cambies con el tiempo y empieces a contemplar el incidente de otra manera e incluso acabes sintiendo compasión por esa persona. En estos casos, perdonar significa que desaparecen las ganas de devolver el golpe, porque tienes una comprensión más profunda de lo ocurrido y ves que todos los implicados erais seres humanos falibles.

Pero ¿qué pasa si alguien te hace daño y se niega a asumir la responsabilidad? ¿Deberías intentar perdonarlo? Este es un dilema habitual cuando las personas EI se niegan a admitir sus errores y no muestran ninguna empatía hacia ti si una acción suya te ha herido. Carecen de la madurez psicológica necesaria para mirarse a sí mismas o darse cuenta de la necesidad de pedir disculpas y reparar el agravio. No solo eso, sino que a veces reciben tus palabras como un ataque e incluso contraatacan y te culpan a *ti*; les dan la vuelta a las cosas e intentan convencerte de que la culpa es tuya. Entonces, ¿debes perdonarlas a pesar de todo? Creo que quizá sea pedir demasiado. Y no creo que debas sentirte mal por no ser capaz de hacerlo.

Mucha gente equipara ser capaz de perdonar a ser una buena persona. Pero ¿dónde deja eso a todos aquellos a quienes les resulta imposible perdonar? ¿Deberías negar lo que de verdad sientes y fingir que estás menos dolida de lo que estás? No, pero tal vez puedas seguir sintiendo lo que sientes y, a la vez, no quedarte estancada en una ira sin fin.

Hay quien dice que debemos intentar perdonar por nuestro propio bien, no por el de la otra persona. Pero en ese caso, ¿lo importante es perdonar o liberarnos de la ira obsesiva? Creo que tal vez sea posible despojarnos de la rabia y el deseo de venganza valiéndonos de recursos prácticos que nos permitan seguir creciendo interiormente, incluso aunque el perdón esté fuera de nuestras posibilidades. Quizá tenga que pasar tiempo antes de que nos sea posible perdonar y puede que ocurra en el momento más inesperado. Quizá sencillamente no tenemos control emocional sobre si somos o no capaces de perdonar en este momento. Quizá tengamos que dejarlo para algún momento futuro en que lleguemos a una comprensión más profunda de las cosas.

Mientras tanto, en lugar de que tu objetivo en la vida sea perdonar a esa persona, ¿qué te parecería simplemente aprender del incidente? ¿Qué te parecería dejar que lo ocurrido te enseñe algo sobre el tipo de vida que quieres de verdad, sobre el tipo de personas con las que sería mejor no perder más el tiempo y sobre cómo responder en una situación para evitar encontrarte con algo similar en el futuro? Si sacas partido de la experiencia, puede que algún día la recuerdes como un punto de inflexión, que te hizo más fuerte o más sabia.

Contemplar las cosas de esta manera te evitará obsesionarte con cualquier comportamiento dañino. En lugar de recurrir a la solución del jefe de la tribu —«Esta te la devuelvo»—, podrías probar otra distinta, que no sea ni el perdón ni la venganza, sino: «Sigo hacia delante». No tienes por qué atarte al pasado intentando en vano perdonar a quien te ha hecho daño; en vez de eso, aprende todo lo que puedas de la experiencia. Desde la distancia, dale discretamente las gracias a esa persona por la durísima lección que ha contribuido a elevar tu nivel de conciencia. De este modo, conviertes a cualquier agresor en catalizador de tu madurez. Gracias a su dolorosa ayuda manifestada en forma de traiciones o agravios, quizá empieces a vivir más desde tu auténtico yo. Tal vez en la ira y el resentimiento hacia esa persona descubras tus valores más verdaderos. Lo ocurrido podría hacerte ver con claridad lo que tú nunca quieres ser. Es decisión tuya que su comportamiento abusivo te muestre un camino mejor, en lugar de hundirte. Limitarte a pensar que la has perdonado podría bloquear este proceso. No te conformes con parecer una buena persona cuando tienes la oportunidad de ser una persona auténtica.

34 No culpes a mis padres

Examinar tu pasado te libera de un futuro predeterminado.

En psicoterapia, tarde o temprano llegamos a los padres. A nadie le gusta hablar de ellos: algunos, porque no le ven sentido, y otros, porque sí se lo ven y no quieren profundizar en ciertas cosas. No es raro que un cliente diga: «No volver atrás y hablar de todo aquello; solo quiero pasar página». Enhorabuena, aplaudo tu decisión. ¿Quién en su sano juicio no preferiría pensar en un nuevo futuro en lugar de excavar en el dolor del pasado?

Entiendo que sea un fastidio para el cliente, pero si queremos tratar cualquier problema, necesitamos empezar por el principio. Necesitamos hacernos una idea de lo que experimentó durante sus primeros años de vida: cómo eran sus padres, qué rol desempeñaba él en su familia y qué pensaba de sí mismo al ir haciéndose mayor. Y esto es solo el comienzo. Además, están sus hermanos, la escuela, los sucesos que se le quedaron grabados a fuego. Nuestra historia es el terreno en el que están enterradas las profundas raíces de nuestra vida actual.

La mayoría de la gente no quiere volver a su pasado por miedo a experimentar sentimientos de culpa, rabia o baja autoestima. Detestan cargar con la culpa de todo lo *malo* que ha ocurrido en su vida, pero tampoco quieren tener remordimientos por señalar a sus padres con el dedo. No es raro que alguien cuente un doloroso episodio de lesiones emocionales (o físicas) infligidas por su padre o su madre y rápidamente añada a continuación: «Pero no quiero culpar a mis padres».

Es comprensible esta reticencia a culparlos, sobre todo porque la mayoría de la gente piensa que lo mejor es dejar su infancia atrás y centrarse en mejorar su futuro; es la manera de no participar en el juego de la culpabilización. Pero examinar tu pasado te libera de un futuro predeterminado.

La psicoterapia debe de ser la única actividad del mundo en la que retroceder es la manera más rápida de avanzar. Los patrones de interacción familiar por los que nos regimos en la infancia nos dicen quiénes somos y nos crean expectativas muy profundas, con frecuencia inconscientes, de lo que podemos esperar de la vida. Nueve de cada diez veces, eso significa que mamá y papá contribuyeron decisivamente al sentimiento básico de la vida que tenemos hoy. Aun así, mucha gente prefiere no examinar siquiera la posibilidad, si piensan que hacerlo significa culpar a sus padres.

Pero hay otra forma de verlo que te hará sentir menos remordimientos por examinar el papel que tuvieron en tu vida. El objetivo de una buena terapia no es culpar a alguien y quedarse ahí. No es la culpa lo que nos importa, sino la verdad. El que dijo eso de *la verdad os hará libres* probablemente habría estado a favor de que los humanos asistiéramos a una o dos sesiones serias de terapia. El objetivo es ver que tanto tú como tus padres sois seres humanos falibles y que las heridas psicológicas que habéis sufrido tanto ellos como tú bastarían para hundir un acorazado. La intención no es encontrar motivos para menospreciar a tus padres, sino aceptarlos como los seres humanos limitados que sin duda eran en tu infancia. Entonces podrás ver algo importante, que es cómo influyeron sus limitaciones en tu visión de ti misma y del mundo.

Como si fueran bebés, los padres nos comunican su angustia con comportamientos alarmantes y consiguen que nos sintamos igual de alterados que ellos. Ni los bebés ni los padres tienen la perversa intención de hacerles la vida imposible a los demás; se limitan a expresar su dolor de la única forma que saben. Cuando en las sesiones de psicoterapia analizamos cómo se comportaban con nosotros nuestros padres, lo que intentamos es, por así decirlo, descifrar un lenguaje codificado. Tratamos de averiguar qué problemas psicológicos tenían por la forma en que nos trataban.

Cuando alguien empieza a descubrir las motivaciones más profundas y los problemas no resueltos de sus padres, es como si de repente su mente se abriera a una nueva percepción de las cosas. En un instante, todos los años de relación con ese padre o esa madre se ven bajo una nueva luz. El dolor que hasta entonces se había transmitido inconscientemente de una generación a otra ahora tiene nombre. El dolor que parecía no tener sentido ahora tiene una causa. Nos hicieron daño no porque seamos malas personas o porque nuestros padres lo fueran. Ocurrió porque las generaciones que nos precedieron carecían de una ciencia con la que mitigar los costes del dolor emocional desatendido.

A través del proceso de la psicoterapia, tenemos al fin la oportunidad de comprender y poner en palabras qué es lo que ha impulsado el dolor de nuestra familia durante generaciones.

¿Te parece que esto es culpar a nuestros padres? Difícilmente. Diría que es más bien *expresar* a nuestros padres. En el proceso de comprendernos a nosotros mismos, traducimos sus necesidades emocionales inconscientes a un lenguaje claro, como ellos no tuvieron ocasión de hacer. Deberíamos aprovechar la oportunidad de resolver interiormente la relación con nuestros padres para no tener que transmitirles a nuestros hijos un dolor no traducido. Es posible que nuestros padres no pudieran resolverlo en su vida y en su época, que su única opción fuera transmitir su dolor con la silenciosa esperanza de que alguien algún día llegara a descifrarlo. Quién sabe, esa descifradora del código familiar podrías ser tú.

35 El encuentro con tu creador

Cuando volvemos a la casa familiar, volvemos al taller del escultor.

La familia es la piedra en bruto de la que hemos sido esculpidos. Cuando Miguel Ángel terminó de esculpir una de sus obras maestras, el *David*, dijo que el secreto había estado en eliminar simplemente todo lo que no era el *David*. La belleza del *David* había estado desde siempre dentro de la piedra, pero hicieron falta los golpes de cincel de Miguel Ángel para que saliera a la luz.

También nosotros empezamos siendo principalmente materia en bruto, con una individualidad sin definir. Luego, en la interacción con los miembros de nuestra familia comienza el cincelado, y los trozos de materia no esenciales se van desprendiendo. Nuestro verdadero yo empieza a revelar sus curvas y concavidades a medida que emergemos de la matriz en bruto de las relaciones familiares. En gran parte, nos descubrimos a nosotros mismos a través de las difíciles interacciones que nos muestran con claridad quiénes no somos.

Puede que nos hayamos reinventado fuera de la familia, pero ir a casa de nuestros padres nos lleva de vuelta a los inicios de quienes éramos antes de tener la posibilidad de ser lo que quisiéramos. Ir a su casa de visita nos trae a veces recuerdos de lo duros que fueron esos comienzos. Pero si durante todos esos años no hubiera habido alguien a quien resistirnos y con quien sentirnos resentidos, ¿habríamos descubierto alguna vez nuestra verdadera individualidad? Posiblemente a todos nos gustaría que se nos hubiera tratado con más afecto y comprensión, pero parece ser que a menudo lo que crea un alma fuerte, capaz de adaptarse y renacer robustecida, es precisamente la crudeza del conflicto con un ser querido.

Cuando volvemos a la casa familiar, incluso aunque sea la de una familia EI, regresamos al taller del escultor. Aquí es donde tiempo atrás tomamos forma. Todas las desdichas de la infancia fueron golpes de cincel que rajaron el mármol y lo hicieron desprenderse a grandes trozos para que se revelara nuestra forma basta, mientras que las alegrías de la infancia fueron las limas que nos pulieron con amor hasta convertirnos en una expresión única de humanidad. No hubiéramos llegado a ser quienes somos sin haber pasado por el estrés de los martillazos y la abundante fricción de la lima. Si fuimos afortunados, para cuando salimos de la casa familiar dispuestos a empezar nuestra propia vida, éramos tan sólidos como el *David*; el trabajo escultórico nos había endurecido lo suficiente como para que pudiéramos enfrentarnos a cualquier Goliat.

Volver a estar con nuestra familia puede ser estresante, porque nos recuerda las discusiones y los enfrentamientos que tuvimos con nuestros padres al ir haciéndonos mayores. Sin aquellas diferencias —como golpes del cincel contra el mármol— tal vez seguiríamos siendo tan inseparables de nuestra familia que no habríamos tenido una vida propia. Quizá conozcas a alguien que viviera justamente esto: la piedra se quedó como estaba, intacta para siempre, amorfa. No se creó nada. No hubo suficientes fricciones con los padres como para que pudiera nacer de ella el verdadero individuo.

Pero volver a casa también nos da la seguridad de la tradición. Independientemente de lo que hayamos logrado en nuestras vidas, es agradable que algunas cosas sigan siendo como eran. Para bien o para mal, la familiaridad tiene sus aspectos gratos. Cuando volvemos a la familia, volvemos a nuestra fuente, a la cantera de la que salió el bloque de mármol del que fuimos tallados.

Quizá nos desquiciaría vivir allí otra vez, pero la sensación de volver a la familia puede ser un alivio para la niña o el niño que llevamos dentro. Volvemos a la montaña de mármol, donde somos nuevamente un trocito del todo, amalgamado; ya no estamos separados ni somos especiales. Una parte primitiva de nosotros parece acoger con gusto esta aglutinación, esta difuminación de las líneas que nos definen como individuos diferenciados. Volver a la familia nos da ocasión de ceder a la fuerza de gravedad después de todos los esfuerzos por ser independientes, como la niña que está empezando a andar y, cansada de mantenerse en pie, se deja caer al suelo con satisfacción.

Las reuniones familiares pueden ser una oportunidad para retroceder emocionalmente tras el duro trabajo de vivir como adultos. Podríamos acogerlas por tanto como un agradable receso: en lugar de la interminable determinación a hacer de nosotros mismos personas dignas y a responsabilizarnos de nuestros fallos, con la familia podemos olvidarnos de todo y culparlos a ellos de nuestras frustraciones. Es una deliciosa concesión que nos hacemos después de tanta dedicación a salir adelante nosotros solos. Podemos volver a casa y reaccionar en nuestro interior como niños. Dentro de la familia en la que crecimos, se nos libera de nuestro papel de adultos, y tenemos la oportunidad de volver a degustar durante unos instantes las decepciones y los sentimientos heridos del pasado que nos provocaron el deseo imperioso de crearnos a nosotros mismos.

Así pues, ¿cuál debería ser la respuesta cuando volvemos al taller familiar donde fuimos esculpidos?

Imaginemos cómo lo harían el *David* y Miguel Ángel. Me pregunto qué le diría el *David* a Miguel Ángel una vez que estuvo totalmente terminado y expuesto al mundo. ¿Es posible que le preguntara a su creador: «¿De verdad tenía que ser así de doloroso?, que le dijera tal vez: «¡Seguro que había alguna otra manera de sacarme de esa piedra que no fuera a golpes de mazo!»? ¿O es posible que se olvidara de todo esto, ahora que estaba allí de pie reluciente por tanta fricción, exhibiendo su bella y bruñida magnificencia que había soportado los mazazos de su creador? Tal vez se limitara a decir: «Gracias. Estar ahora aquí me compensa sobradamente de todo».

Cómo te sientes cuando te tratan bien

Crecer sometidos a la inmadurez emocional de alguien es frustrante y emocionalmente doloroso. Como consecuencia, es posible que te sientas particularmente agradecido cuando conoces a gente agradable y optimista que te transmite la sensación de que en el mundo todo está bien tal como es. Con esas personas, eres espontáneamente tú. Tienes claridad de pensamiento y un sentimiento de calidez en el corazón. Esas personas hacen salir lo mejor de ti, lo cual te hace ser más tú mismo que nunca y más aún que tú mismo.

36 Lo que a *mister* Rogers le encantaba de ti

Mister *Rogers nos recuerda que lo que ocurre dentro de nosotros es tan importante como lo que ocurre fuera.*

¡Gracias a Dios por *Mister* Rogers!* A *mister* Rogers le importaban los sentimientos de verdad. Nunca perdía de vista al niño o la niña de cuatro años que todos llevamos dentro.

Mister Rogers nos hizo sentir que nuestro interior era lo que le importaba de nosotros. Por el simple hecho de inspirar y espirar, eras para él especial y adorable. *Tan* especial, de hecho, que quería saber si *querías* y *por favor podías ser su amigo*, porque lo que él siempre había querido era *vivir en un barrio contigo*. ¿Oyes la letra de esta canción? Es un mensaje de amor cantado por alguien que sabe de verdad de lo que está hablando.

Mister Rogers era diferente de cualquier padre o madre EI y de la mayoría de las personas que conocías de niño, porque en su barrio acogía *todas* las partes de ti. Decía que siempre había sitio para ti, para tus enfados y también para tus sentimientos heridos. Una de sus cancioncillas preguntaba: «¿Qué haces con lo malo que sientes, cuando te sientes tan mal que tienes ganas de morder?». ¿Cuándo fue la última vez que alguien demostró esta clase de interés por lo que sentías, en especial si estabas enfadado y dolido?

---

* N. de la T.: Frederick McFeely Rogers (1928-2003), conocido como Fred Rogers, fue un presentador de televisión, marionetista, ministro presbiteriano y educador estadounidense. Creó y presentó el programa infantil *Mister Rogers' Neighborhood* [El barrio del señor Rogers], que se emitió durante tres décadas en la televisión pública. Rogers declaró que su objetivo era ayudar a los niños a verse a sí mismos como valiosos y a confrontar sus miedos y ansiedades, así como contagiarles el gozo de aprender.

Mister Rogers nos recuerda que lo que ocurre dentro de nosotros es igual de importante que lo que ocurre fuera.

Míster Rogers era un existencialista y un defensor a ultranza del derecho que tenemos todos a estar aquí. Enseñaba que el puro hecho de que estés aquí *es* el sentido de tu vida. No tienes que demostrar nada, ni conseguir nada, ni impresionar a nadie para ser digno de amor. Lo único que tienes que hacer es estar vivo. Y su público sabía por la forma en la que hablaba de ello que no lo decía por decir. No era un hombre dicharachero ni superficial. No, tenía razones de peso para hacer lo que hacía. *Mister* Rogers sabía que en un tiempo fuiste un niño de cuatro años que necesitaba amor y seguridad; que, en cierto modo, siempre serías un niño de cuatro años que necesitaba amor y seguridad.

Si lo piensas un poco, ves que las relaciones auténticamente buenas que has tenido llevaban todas el sello de ese existencialismo de *mister* Rogers. El mejor regalo que alguien te puede hacer es que sepas cuánto aprecia esa persona tu presencia en el mundo. Todos necesitamos relacionarnos con gente para la que nuestra simple existencia sea motivo de deleite. Esa es la clase de amor que no ve en ti el rol o función que representas, sino a un ser fascinante y vital que existe para disfrutar y para que los demás disfruten de su compañía. *Mister* Rogers lo entendía a la perfección.

Los programas de *mister* Rogers nos siguen hechizando, incluso aunque las sinapsis de nuestro cerebro adictas a la acción tengan que contenerse para no chillar exasperadas por su ritmo tan pausado. Pero si lo escuchas durante unos minutos, los centros emocionales profundos del cerebro empiezan a desenrollarse en largas ondas de relajación: «Ah, *mister* Rogers dice que lo único que hace falta es ser». Eres especial, tanto si consigues algo como si no. Dice que mereces atención y afecto incluso cuando te portas mal o te enfureces. Te asegura que tienes una buena razón para sentir todo lo que sientes y que él sabe lo mucho que te esfuerzas. Ni espera de ti grandes logros ni te critica. Le gustas tal y como eres, tengas cuatro años o cuarenta.

Puede que ya no tengamos cuatro años, pero nuestras necesidades emocionales son exactamente las mismas. Queremos que a alguien se le ilumine la mirada cuando nos ve llegar y no queremos que se olvide de nosotros cuando nos vamos. Queremos que nos perdonen cuando nos portamos mal y que alguien nos conceda un lugar importante en su vida. Queremos que alguien se entristezca cuando nos hieren y no solo que diga lo correcto. Queremos que alguien nos escuche cuando tenemos miedo y necesitamos compartir lo que sentimos. Queremos que alguien se preocupe por nuestra seguridad y bienestar. Por encima de todo, queremos tener un efecto en los demás, que nos traten como a las personas vivas y reales que somos, tan reales como se puede llegar a ser. Tal vez sea eso lo que Fred Rogers vino a decirnos, que nos tratemos los unos a los otros como a seres auténticamente vivos por dentro. Esa es la manera de seguir queriéndonos unos a otros, incluso aunque en algunos momentos estemos tan enfadados que tengamos ganas de morder.

37 El dalái lama quiere que seas feliz

*La mejor ayuda para encontrar la felicidad es dedicarse
con devoción científica al autoconocimiento.*

Una vez tuve el privilegio de asistir a una conferencia del dalái lama. Habló en la Universidad Americana, en Washington D. C., como líder espiritual del budismo tibetano ante el numeroso público que llenaba el salón de actos. Entré en el recinto y, mientras trataba de localizar desde abajo mi asiento en las gradas, de repente me paré en seco al ver el telón que colgaba al fondo del escenario preparado para él. Era un inmenso y maravilloso tapiz de seda, de unos tres pisos de alto y casi la misma anchura, que representaba a un magnífico Buda dorado, rodeado de flores de loto e intrincadas cenefas de todos los colores y tonalidades posibles.

Justo debajo de la gigantesca imagen estaba el trono del dalái lama, sobre una plataforma elevada cubierta de espléndidas alfombras. En la parte inferior del escenario, a izquierda y derecha, había hileras de monjes y monjas budistas sentados con las piernas cruzadas, y el color granate y azafranado de sus túnicas se sumaba a la colorida majestuosidad de la escena.

Cuando apareció el dalái lama y empezó a dirigirse hacia el escenario desde la derecha de la sala, el silencio se extendió sobre el público. Allí estaba, con sus características gafas de montura de concha, ligeramente encorvado; su brazo derecho asomaba de la túnica y él lo extendía para tocar y saludar a la gente. En cada parada que iba haciendo, quedaba claro que percibía individualmente a cada persona. No se dirigió al escenario a zancadas ni hizo grandes saludos a la multitud anónima. Había solo un contacto individual tras otro.

Una vez que llegó al escenario, saludó a todos los monjes y monjas de igual manera; con una inclinación envió saludos y bendiciones a cada sector de la multitud –parecía sonreír a los individuos de uno en uno– y después se postró varias veces ante el Buda. Con la atenta ayuda de sus asistentes, finalmente subió a la plataforma, se quitó los zapatos y se sentó cómodamente en la postura del loto. Tras las presentaciones, charló amistosamente con el público y, en cierto momento, interrumpió sus palabras un sonoro estornudo, que, según dijo, viene bien cuando el público empieza a adormilarse. Su risa sonaba jubilosa e incontenible.

Aunque me interesaba lo que Su Santidad pudiera enseñarme sobre budismo, no estaba preparada para la profundidad psicológica de su filosofía. De hecho, en lugar de iluminación espiritual, me llegaba una información tan valiosa que no paré de tomar notas a toda velocidad para aplicarla a mi práctica clínica. Parece ser que, en algunos sentidos, el dalái lama y yo quizá tengamos una misma línea de trabajo.

El budismo es unos dos mil años más antiguo que la psicología clínica, pero algunos de sus principios son tan modernos que fácilmente podría ser uno de los nuevos enfoques de psicología positiva que hoy arrasan en los campos de la psicoterapia y la neurociencia. Desde siglos antes de que naciera el cristianismo, el budismo promovió la idea de que nuestros pensamientos conforman nuestra realidad emocional y la mayor parte de nuestro sufrimiento proviene de aferrarnos a convicciones dolorosas que nos agotan y nos hieren. Según el budismo, para liberarnos de ese innecesario sufrimiento, debemos investigar nuestras creencias más tenaces y arraigadas y encontrar en nosotros compasión, hacia nosotros mismos y hacia los demás.

Estoy de acuerdo en que no sufrimos porque seamos malos; sufrimos porque vivimos engañados. Bajo la tiranía del ego, los apegos dirigen nuestra vida, y creemos que nuestro valor humano reside en los objetos que poseemos y en el estatus social. Nos juzgamos y juzgamos a los demás sin piedad. Creemos erróneamente que la causa de nuestra desdicha está en el mundo exterior, en lugar de darnos cuenta de que es nuestro propio pensamiento lo que nos hace sufrir. La psicología moderna advierte contra los mismos engaños.

Quizá la idea más radical del dalái lama se encuentre en su libro *El arte de la felicidad*. El primer capítulo comienza diciendo: «Creo que el propósito fundamental de nuestra vida es buscar la felicidad». Explica a continuación que la mejor ayuda para encontrar la felicidad es dedicarnos con devoción científica a nuestro autoconocimiento. Es responsabilidad de cada uno de nosotros investigar cómo afectan los distintos pensamientos a nuestro equilibrio emocional. El truco es eliminar poco a poco aquellos factores que nos hacen infelices y cultivar deliberadamente aquellos que nos enriquecen.

Tanto la psicología como el dalái lama afirman que es nuestro estado mental lo que determina si somos o no somos felices, y que el medio más eficaz para mejorar nuestro estado mental es el aprendizaje. Si aprendemos a darnos cuenta de cómo funciona nuestra mente, podemos evitar que los pensamientos nos arrastren al miedo y la infelicidad. La psicoterapia moderna hace precisamente esto: nos enseña a observar nuestros pensamientos y creencias para que podamos dirigir de un modo más consciente nuestro estado de ánimo y nuestra perspectiva general de la vida. Tanto el budismo tibetano como la terapia cognitiva nos instan a cuestionar el pensamiento distorsionado y las creencias extremas, en especial esos pensamientos radicales que lo dividen todo en bueno y malo y nos hacen sentir que no somos como deberíamos ser, y por tanto no merecemos nada.

Aquel día, cuando el dalái lama estaba terminando ya de impartir sus enseñanzas desde el magnífico trono, para protegerse los ojos de las luces brillantes se puso una gorra de visera de color granate que hacía juego con la túnica. La multitud estalló en carcajadas al ver a Su Santidad con aspecto de ir a pasar el día en el estadio de béisbol, y él también se rio, diciendo: «Me da igual. ¡Es muy práctica!».

En esas palabras estaba el consejo del dalái lama para la vida: utiliza lo que te haga sentirte mejor y no dejes que las apariencias se interpongan en tu camino. Ni el propio Buda habría sido más claro.

38 Lecciones de bondad en la consulta del dentista

*En su consulta, sigo siendo persona; no
tengo que convertirme en paciente.*

Mi dentista se va a jubilar el día menos pensado, y estoy intentando
encontrar la manera de seguirlo hasta su casa para saber dónde vive.
¿Porque echaré de menos que me arreglen los dientes? ¿Porque le
tengo cariño al zumbido del taladro? Ni mucho menos. El dentista
de mi infancia me empastó unas cuantas caries sin novocaína, así
que les tengo un legítimo miedo a los dentistas.

Pero años después encontré un dentista llamado Jules que su-
puso el comienzo de la confianza dental. Hace poco, mientras me
arreglaba una muela a la que era difícil acceder, se disculpó por estar sujetándome la cabeza con firmeza. «Trato de que no se mueva
lo más mínimo», me explicó. No le pude responder porque tenía
en la boca toda una serie de instrumentos, como una maleta abierta. Pero lo que le hubiera querido decir era que aquella presión
firme era extrañamente reconfortante, como el agarre enérgico de
la mano que llega al rescate, pero en versión dental. No me sentía
sujeta; me sentía segura.

Aunque la habilidad más evidente de Jules está en sus manos,
su destreza no acaba ahí; tiene un auténtico don para relacionarse
con la gente. A la larga, para ser un buen profesional no basta con
que conozcas a fondo tu oficio; necesitas ser consciente de los efectos que tu oficio tiene en los demás.

Gracias a su instinto de conexión humana, Jules sabe tratar a la
gente. Es una figura a la vez sensible y de autoridad. Al entrar en su
consulta, suele charlar un rato conmigo como el perfecto caballero

que es, pero en cuanto empieza el examen dental, estoy encantada de cederle el mando. La conexión emocional genera confianza. En esos momentos, yo no soy simplemente su paciente; me siento como si fuera su proyecto preferido.

Cuando tenemos que consultar a un experto del tipo que sea, nos ponemos nerviosos y nos sentimos en una posición de inferioridad. Es la situación propicia para que esos profesionales se aprovechen del poder que les concedemos. Pueden jugar a ser los expertos, los que lo saben todo..., tal vez como un padre o una madre EI. Pero con demasiada frecuencia, tanto los profesionales como los padres enfocan toda su atención en el problema y pierden de vista a la persona. Jules me ha enseñado que cualquiera, incluso un dentista, puede ser un experto en humanidad por encima de todo.

Por ejemplo, hubo una vez que Jules estaba de vacaciones y tuve que ir a que me mirara una muela otro dentista. Supe que aquello no iba a funcionar en cuanto vi que se le encendían los ojos mientras le contaba lo que me pasaba. «Uf..., ¡eso no suena bien!», dijo. El inconfundible regocijo de su tono me alarmó y decidí esperar a que volviera Jules.

Veamos, Jules jamás cometería un error tan elemental como asustar a su paciente *antes* de haber empezado a examinarlo. Tiene un sinfín de recursos (respuestas emocionalmente inteligentes) para hacer que sus pacientes se sientan animosos y acepten lo que tenga que ocurrir a continuación. Recomiendo los siguientes comportamientos a cualquier profesional de la salud.

Elogia las buenas cualidades de sus pacientes. «¡Tienes una boca impecable, querida!», dice, con la misma estima que un joyero muestra por una maravillosa gema. O cosas como: «Ojalá todo el mundo se cuidara los dientes como tú». Suele murmurar también «¡perfecto... perfecto!», mientras me revisa los dientes. Es difícil asustarse cuando una se siente orgullosa. Saca a la luz cualquier problema que haya, pero destaca las buenas cualidades.

No asusta a sus pacientes hablando a la ligera y haciendo que se imaginen lo peor. Jules pone cuidado en cómo dice las cosas. Nunca utiliza analogías alarmantes, como «podría haber caries al acecho», que fue lo que una vez me dijo una higienista poco inteligente. Jules se limita a evaluar la situación, te dice lo que hay que hacer y consigue que suene a simple mantenimiento doméstico: «Solo vamos a limpiarlo, sellarlo, y seguirá haciendo su trabajo a la perfección muchos años».

Durante la exploración de los tejidos bucales, lo peor que Jules ha llegado a decirme es: «Ahora puedes sacarme la lengua», una indicación bastante generosa, si lo piensas. Y aunque viviera un millón de años, jamás se le habría ocurrido invocar el espectro de la enfermedad como hizo una vez otro dentista: «Ahora voy a comprobar si tienes indicios de cáncer de boca». (¡Me siento peor por momentos, doctor!).

Jules esconde las agujas para la anestesia. He llegado a pensar que debe de tenerlas guardadas en la axila izquierda. Justo antes de cerrar los ojos, lo veo echar la mano hacia atrás entre el costado y el brazo izquierdos. (En ese momento dejo de mirarlo). Un día le pregunté a su ayudante *dónde* guardaba Jules las agujas, y me dijo: «Ah, estoy detrás de él y le pongo la aguja en la mano cuando la alarga hacia atrás». Esto es pura empatía encarnada, misericordia en acción y sabiduría en práctica. Por favor, profesionales de la medicina, ¡nada de agitar ante los ojos del paciente utensilios aterradores!

Jules me anima en todo momento a sentir que ya falta poco. No le gusta prolongar el suspense y va anunciándome cada paso del trabajo con un simple «ahora vamos a...», seguido de un «ya casi hemos terminado... Vamos a rematar esto... Pronto estarás fuera...

¡Excelente! ¡Perfecto!». Probablemente sabe que el trabajo es más lento de lo que me hace creer, pero en la mayoría de los casos, consigue convencerme de que la libertad está ya muy cerca.

Con su conducta, Jules hace que siempre sienta que soy más que el estado de mis dientes. Suele preguntarme por mi familia, y me cuenta alguna anécdota; me trata en primer lugar como a una persona completa y como a la portadora de unos dientes en segundo lugar. En su consulta sigo siendo *persona*; no tengo que convertirme en *paciente*. Soy mucho más fuerte cuando me tratan como a una persona y mucho más débil cuando me tratan como a una paciente. Durante todos los años que he ido a la consulta de este dentista, he entrado siendo un ser humano y lo he seguido siendo en todo momento. Por supuesto, siempre es un alivio salir de la consulta, pero un alivio embelesado por lo agradable que este hombre hace cada visita.

No dudo de que la mayoría de los profesionales que tratan de dejar claro lo expertos que son en su trabajo lo hacen solo para inspirar confianza. Pero créeme, para cuando alguien entra en una sala de exploración, ya se ha asegurado de que tienes experiencia en lo que haces. En ese momento, lo que necesita esa persona es que la tranquilicen, no que le hablen con condescendencia.

Cada vez está más cerca el día en que los profesionales de la medicina aprenderán las bases de una buena comunicación humana lo mismo que aprenden anatomía y ética, y si entienden algo sobre la conexión mente-cuerpo, beneficiará a las personas a las que traten.

Hasta entonces, a todos nos vendría bien aprender un poco del estilo de mi buen dentista y ponerlo en práctica. ¿Cómo se sentiría todo el mundo si lo trataran así?

Perfecto, perfecto.

39 Encontrar un maestro espiritual

Los guías sabios y dignos de confianza te instarán a desarrollar tu propio potencial, en lugar de esperar tu adoración.

Un buscador espiritual oyó decir que en el otro extremo del mundo un gurú conocía el sentido secreto de la vida. Aunque el sabio vivía en una cueva en lo alto de una montaña remota, el buscador se propuso encontrarlo a cualquier precio. Tras años de dificultades inimaginables y de haber seguido muchas pistas falsas, el buscador finalmente encontró la montaña y comenzó el peligroso ascenso hasta la cueva. Agotado tras la escalada, se arrastró hasta el gurú, que estaba sentado con las piernas cruzadas sobre un gran peñasco frente a su cueva rocosa.

—Oh, maestro —dijo jadeante el buscador—, por favor, dime. ¿Cuál es el secreto de la vida?

El gurú le sonrió y, tras una larga pausa, dijo:

—La vida es como una fuente.

El buscador parpadeó unos instantes.

—¿La vida es como una fuente? —preguntó incrédulo.

El gurú vaciló. Luego dijo despacio:

—¿Quieres decir... que la vida *no es* como una fuente?

La moraleja del relato es que nunca deberías abstenerte de cuestionar a tus héroes espirituales. Todos tenemos una tendencia innata a encontrar a alguien a quien idealizar, alguien a quien poder considerar un ser superior, pero a menudo proyectamos cualidades especiales en otras personas porque no creemos que nosotros mismos podamos ser tan sabios. En lugar de alimentar nuestro propio crecimiento interior, parece que nos resulte más natural depositar nuestras esperanzas en un maestro idealizado. Así que con frecuencia caemos rendidos a los pies de alguien que se ha proclamado conocedor del secreto y que necesita que lo admiren, en lugar de encontrar a un guía ético que nos enseñe a desarrollarnos como seres humanos.

Muchos lo hacemos porque nos enseñaron a respetar la autoridad y a rendirnos ante las credenciales sin tener en cuenta nada más; aprendimos a reprimir las dudas que nos surgían cada vez que una autoridad —especialmente un padre o madre IE— hacía un pronunciamiento muy cuestionable. Damos por sentado que los expertos saben más, sobre todo en el ámbito espiritual. Nos tranquiliza ponernos en manos de alguien que no duda de sí mismo, que al parecer demuestra una confianza absoluta en la verdad de sus creencias. Pero debemos tener mucho cuidado de no estar poniéndonos en manos de un narcisista que necesita sentirse más importante que nadie.

Si algo es cierto en este mundo, es que un guía sabio y digno de confianza te instará a desarrollar tu propio potencial, en lugar de esperar tu adoración. Te educará y te animará, no te reclutará como acólito suyo. Un guía sabio disfruta explicando las cosas y respondiendo a preguntas difíciles porque agradece la oportunidad de reflexionar más profundamente sobre sus creencias. Si no entiendes, buscará maneras de explicar las cosas con más claridad. No te creará confusión, respondiendo a tus preguntas con tópicos y vaguedades o escapándose astutamente de ellas. Ese guía no intentará esconderse tras la ofuscación ni prometerá revelarte la verdad una vez que hayas pagado.

Por el contrario, los maestros espirituales que se tributan a sí mismos toda suerte de alabanzas te harán sentirte avergonzado por ponerlos en un aprieto. Esperan que sus clichés permanezcan herméticos e incuestionables. Es de mala educación que te des cuenta de que su sabiduría no es tal.

La admiración genuina es muy diferente de la fe ciega que nace de la confusión. Todos tenemos un pequeño centro de asombro en nuestro interior que reconoce la verdadera sabiduría y el carácter admirable de alguien. Cuando existe este reconocimiento, confiamos espontáneamente en esa persona y sabemos que no nos despreciará por nuestra ignorancia. En el caso de los líderes espirituales narcisistas, en cambio, la confusión y la obediencia incondicional son las herramientas indispensables de su oficio. Su poder reside en conseguir que renuncies a tus dudas y confíes plenamente en que ellos saben más que tú. Está implícito en su discurso que solo una mente mezquina les exigirá que respeten los mismos principios morales y de ecuanimidad que el resto de los humanos.

Los profesores no fiables muestran además una contradicción entre lo que predican y cómo se comportan. Su conducta no es coherente con sus supuestas creencias. Como no son autorreflexivos ni conscientes de sus impulsos, no se dan cuenta de que dictan unas normas de vida que ellos no aplican en absoluto. No son conscientes de lo ilógico que es decir una cosa y hacer exactamente la contraria. Son como esas cintas de Moebius en las que los dibujos crean una ilusión óptica: cuando sigues con los ojos la línea de un dibujo, de repente desaparece y se convierte en algo distinto.

Cuando encuentras a un auténtico profesor de vida digno de confianza, puede que no seas capaz de entender todo lo que dice, pero una parte profunda de ti se siente segura y cuidada, aunque no sabrías bien cómo expresarlo. No es solo que tus preguntas se acepten, sino que son bienvenidas y se te anima a preguntar.

Volvamos ahora al relato con el que se abría el capítulo. Me descubro ante ese gurú que tuvo la humildad de cuestionar su revelación, pero ¿y si el buscador se hubiera limitado a adorarlo y a transmitir por doquier su mensaje de sabiduría de que la vida es como una fuente? ¿Y si el buscador hubiera acallado cualquier duda de sus posteriores seguidores diciéndoles que les harían falta muchos años de meditación, oración y donaciones para poder comprender realmente aquel conocimiento sublime? Afortunadamente, nuestro buscador tuvo una reacción sincera y se preguntó en voz alta si el gurú sabía de lo que hablaba. Ten presente siempre que quienes te hagan sentir que tienes un problema de entendimiento por cuestionar su discurso te están ofreciendo un culto a la personalidad, no un camino hacia la verdad.

40 El amor de nuestras mascotas

Estamos hechos para el amor incondicional, de principio a fin.

Menos mal que existen las mascotas. Como no todo el mundo acude a psicoterapia, nuestros preciosos amigos del reino animal tienen que trabajar a doble jornada para mantenernos cuerdos. En realidad, los animales hacen un trabajo mucho mejor de lo que podría esperarse de un psicólogo clínico. Y mientras los psicoterapeutas no aprendan a dar saltos de alegría al ver llegar a cada cliente y le prodiguen una adoración desenfrenada por el hecho de ser quien es, siempre estarán en un lejano segundo plano con respecto a las mascotas.

Se han realizado numerosas investigaciones sobre los beneficiosos efectos emocionales y físicos que se derivan de la interacción amistosa con un animal. Si una mascota puede hacer que descienda la tensión arterial de alguien que está en una cama de hospital, imagínate lo que pueden hacer por ti a lo largo de cada día. ¿Qué tienen estas criaturas, que nos hace responder con todo nuestro ser?

Es su cerebro. Los mamíferos domesticados que tenemos como mascotas han invertido casi toda su asignación de neuronas en los centros de vinculación emocional del cerebro. Neurológicamente hablando, son pequeñas máquinas de amar. En realidad, son pequeñas máquinas de amor *incondicional*.

Los cerebros de todos los mamíferos se componen de tres partes principales, cada una de ellas con una estructura neurológica diferente. El neocórtex es la parte pensante que rodea a los centros emocionales, que a su vez son la fuente de nuestros instintos de supervivencia. Está muy poco desarrollado en el gato y solo un poco más en el perro. Ninguno de los dos lo necesita demasiado para encontrar comida y criar a su prole. Por el contrario, en comparación con otros mamíferos, los seres humanos hemos invertido la mayor parte de nuestra herencia genética en un enorme neocórtex, y los resultados de esto son formidables. El cerebro pensante humano ha sido tan eficaz que ha conseguido apoderarse del mundo.

Pero ¿quién necesita el mundo cuando llega a casa después de un largo día de trabajo o cuando su pareja, su hijo adolescente o su hijita de dos años están poniendo a prueba su paciencia? En ese momento no queremos el mundo; queremos piel y afecto. Necesitamos con todo nuestro ser una calurosa muestra de comprensión.

En su libro *Una teoría general del amor*, los psiquiatras Thomas Lewis, Fari Amini y Richard Lannon nos cuentan por qué es así. Esta revisión de los estudios sobre el apego y la conexión emocional subraya la importancia mental y física de tener vínculos afectivos con otros mamíferos. Es una ventaja si esos mamíferos receptivos resultan ser los seres humanos que haya en tu vida, pero un perro también sirve.

Su teoría (respaldada por numerosas investigaciones en este campo) es que los mamíferos compartimos una resonancia casi mística entre las partes emocionales de nuestros cerebros, razón por la cual podemos percibir fácilmente los sentimientos de los demás. Captar el mal humor de una persona querida o contagiarnos del frenesí de la multitud son ejemplos de que nuestro sistema emocional se comunica rápida y directamente con los cerebros de otros mamíferos, como si al instante sintonizáramos la misma emisora de radio.

Esta resonancia natural, este eco mutuo entre cerebros, nos mantiene sincronizados entre nosotros. Necesitamos esta armonización cerebral para regular no solo nuestro bienestar emocional, sino también nuestra salud física. Cuando un cerebro emocional encuentra otro cerebro emocional dispuesto a lamerle la cara, en sentido figurado, el organismo entero se equilibra y estabiliza. Nos sentimos menos perdidos, menos confusos. Aumenta nuestra resistencia al estrés, pensamos con más claridad y mejora nuestra función inmunitaria. Los bebés dependen especialmente de la atención de mamá para estabilizarse emocional y físicamente. Esta devota sintonía es crucial para que el bebé humano se desarrolle bien e incluso para que sobreviva. Estamos hechos para el amor incondicional, de principio a fin.

Lo que muchas infancias y matrimonios infelices tienen en común es la incapacidad para lograr que haya resonancia emocional cuando es necesario. Por ejemplo, cuando necesitamos desde lo más profundo que alguien nos dé cariño y nos dedique toda su atención, el cerebro pensante de la otra persona sencillamente no sirve. De hecho, si alguien responde a nuestra necesidad *emocional* de conexión con una respuesta pensante (como un consejo o una solución), nos sentimos ignorados y menospreciados. Tu mascota nunca cometería un error social tan atroz.

El amor de una mascota ha ayudado a muchas personas a superar una noche oscura del alma. Y cuando una mascota muere, todos hemos sentido que un trozo de nuestro corazón se va con ella. Para la parte afectuosa de nuestro cerebro, un mamífero es un mamífero, y eso es lo único que importa. La conexión entre una persona y su mascota es uno de los últimos bastiones del amor incondicional que aún nos queda a todos. Es como vivir lo mejor del amor materno, de nuevo desde el principio.

La crianza emocionalmente madura

Cuando nos toca a nosotros ser padres o madres, unas veces probamos nuevos métodos y otras caemos en los mismos patrones con los que nos educaron. Pero tu objetivo principal es ayudar a tus hijos a madurar para que sean personas fuertes, competentes y auténticas, capaces de mantener relaciones satisfactorias. Lo que tú has aprendido en tu propio proceso de maduración emocional te ayudará a darles a tus hijos lo que necesitan: contar con algún tipo de estructura familiar predecible, sentir que se valora quienes son, que se los trate con tacto y, finalmente, que se les dé la libertad para vivir su vida. En lugar de forcejear con las etapas de desarrollo del niño (o con las tuyas propias, como padre o madre), puedes utilizar las mareas naturales del cambio para seguir nadando hacia quien realmente eres.

41 La verdad sobre los hijos

Nuestros hijos tienen la misma condición humana que nosotros.

La verdad sobre nuestros hijos es que están aquí para satisfacer sus necesidades, no las nuestras. Algunos padres no se dan cuenta de esto y piensan que los niños deberían estar dispuestos a actuar en contra de su propio interés, renunciar a lo que más quieren y hacer todo lo que su padre o su madre les pida. En el caso de aquellos que crecieron con unos padres EI, posiblemente sea este el modelo al que estén acostumbrados. Si el niño se niega a cumplir las normas, o intenta saltárselas sin que se note, estos padres se sienten traicionados. La desobediencia del niño es para ellos señal de que este no los quiere. Pero la razón de esa desobediencia no es la falta de amor; cualquier situación en la que haya un desequilibrio de poder obliga al subordinado a asentir ante aquel que tiene poder sobre él, pero secretamente estará tramando maneras de esquivar sus imposiciones. Es una reacción natural de los seres humanos, y nuestros hijos tienen la misma condición humana que nosotros.

Los niños ponen a prueba nuestra determinación de ser buenas personas. Saben cómo provocarnos y son tan egocéntricos que nos quedamos pasmados. Su egoísmo alcanza la cota máxima cuando cumplen los seis años, los trece y los dieciocho: parece que te exijan, por un lado, apoyo incondicional y, por otro, que hagas como que no existes. Esto puede ser muy difícil de aceptar como padre o como madre.

Quizá el padre y la madre que vivieron su infancia bajo el control estricto de unos padres EI entiendan ahora como una falta de respeto, o incluso una abierta provocación, las pruebas que sus hijos les ponen para saber dónde están los límites. En lugar de entender que es natural que un niño intente conseguir lo que quiere, lo interpretan como una rebelión contra su autoridad.

Pero ningún niño sano quiere derrocar a sus padres. ¿Dónde estaría él o ella entonces? Los niños son seres humanos normales con un sano interés propio y nunca aceptarán sin protestar que se les ponga freno o que se frustren sus deseos. Así que lo mejor es que empieces a tomarte esos comportamientos como reacciones comprensibles, en lugar de como un desafío a la autoridad.

Los padres tenemos siempre una ventaja sobre nuestros hijos, que es poder idear estrategias. Los niños no son tan complicados. No se les da bien planear tácticas; reaccionan de formas muy previsibles. Si sabes dar en la tecla adecuada, puedes conseguir de ellos prácticamente lo que quieras. Pero tienes que ser inteligente y utilizar lo que vaya a surtir efecto. Los buenos libros de crianza infantil explican todas las maneras de interactuar con los impulsos y deseos de un niño, por lo general simples y claros, y conseguir finalmente que coopere. Digo «finalmente» porque nada es instantáneo en la crianza de los hijos: se trata de repetir, repetir y repetir.

Si los padres esperan que el niño tenga la capacidad de razonamiento de un adulto y su misma tolerancia a la frustración, conseguirán que se subleve o se retraiga, no que los obedezca. Cuando los padres se empeñan en conseguir que el niño capitule al instante, ya sea coaccionándolo o provocándole un sentimiento de culpa, lo que suelen obtener de él es una reacción violenta. Peor aún, a veces el niño no se defiende abiertamente, sino que se retira en silencio y adopta una actitud pasivo-agresiva sobre la que los padres no tienen ningún poder.

El niño y la niña necesitan solo unas pocas cosas importantes. Quieren que sus padres tengan hacia ellos la misma consideración que los adultos tienen entre sí. No necesitan tener los mismos derechos ni permisos, pero sí que se los trate con consideración. Si consiguen esto, finalmente (aquí está de nuevo la palabrita) serán personas cada vez más responsables y entenderán tu punto de vista de vez en cuando. Pero tú, como madre, tienes que estar preparada para una larga espera, antes de que empiece a aparecer en ellos algún signo de buen juicio y responsabilidad. La terrible y sencilla verdad es que tus hijos necesitan de ti amor incondicional, un amor sobrehumano, y no tener que dar jamás señal de que lo valoren, ni siquiera acuse de recibo. Necesitan que seas paciente mientras maduran y va desarrollándose en ellos el sentido de la responsabilidad y necesitan que seas tolerante con tal cantidad de errores y egoísmo suyos que aprendes a vivir con la boca abierta.

A cambio, tus hijos también harán algo importante por ti. Te harán volver repetidamente a tu pasado. Puede que hayan llegado a tu vida a remover y sacar de las sombras viejos problemas de tu infancia, tal vez con un padre o una madre EI, para que les eches un último vistazo. La verdad sobre nuestros hijos es que te traen de vuelta tu propia infancia. Cada vez que te provocan, están pulsando la tecla «repetición». El egocentrismo descarado de tus hijos te hará recordar los momentos de tu vida en los que has sentido que no se te valoraba ni respetaba. Tus hijos te dan la oportunidad de enfrentarte por fin a viejos sentimientos heridos, de procesarlos y convertirlos en parte de tu historia, y no en parte viva de tu presente. Tal vez sus continuas provocaciones han sido en todo momento lo que necesitabas para poder comprender y evolucionar.

42 El secreto mejor guardado sobre la crianza

Como todos los seres humanos, nuestros hijos tienen
un vehemente deseo de que se los respete.

El secreto mejor guardado sobre la crianza infantil es que los niños responden al trato que reciben exactamente del mismo modo que los adultos. No hay normas diferentes para lo que funciona con los niños y lo que funciona con la gente mayor. Las reglas son más o menos las mismas. A todos los humanos de todas las edades les gusta que se los trate como a seres inteligentes y sintientes, no como a subordinados.

Para el niño y la niña es una profunda alegría que sus padres los tomen en serio y los reconozcan como personas de verdad, con sus propios gustos. Como todos los seres humanos, los niños tienen un vehemente deseo de que se los respete. Les gusta saber por qué hacen las cosas y se resisten a que se les exija que obedezcan porque sí.

A los adultos nos pasa exactamente lo mismo. Piensa en los buenos y en los malos jefes que has tenido. A nadie le gusta trabajar para un jefe severo y sarcástico que se limita a dar órdenes sin explicar nunca por qué se ha tomado cualquier decisión. Mientras que si un jefe trata a los empleados con respeto, probablemente se ganará poco a poco su aprecio y su devoción. Entonces, cuando ese buen jefe necesite pedir puntualmente un esfuerzo adicional, los empleados querrán hacerlo porque se los ha tratado bien.

Los buenos jefes y los buenos padres tienen la misma actitud y obtienen los mismos resultados: a sus empleados y a sus hijos les gusta estar cerca de ellos. Es difícil tener verdadera influencia sobre alguien si lo que has conseguido es que quiera mantenerse a distancia. Cuando los padres se enfadan habitualmente con sus hijos y los culpabilizan, los niños dejan de escuchar lo que se les dice y concentran toda su atención en escapar de ese momento tan desagradable, algo que quizá reconozcas por tus propias experiencias de infancia. En cambio, cuando al niño se lo trata con paciencia y se le explican las cosas, lo vive como una buena experiencia. Los niños suelen aceptar relativamente bien que se los corrija, siempre que el adulto no atente contra su dignidad.

Algunos padres, especialmente el padre y la madre emocionalmente inmaduros, parecen creer que la cortesía les está reservada a los adultos. Jamás se nos ocurriría controlar a nuestros amigos de la manera prepotente en que lo hacemos con nuestros hijos. Probablemente no amenazaríamos a nuestros amigos con castigarlos si no obedecen ni les anunciaríamos que es hora de irnos y que en cinco segundos tienen que estar todos saliendo por la puerta, sin preguntarles antes si están preparados. No les recordaríamos repetidamente cada una de sus equivocaciones ni les negaríamos nuestro cariño hasta que hicieran lo que les hemos dicho que hagan. No lo haríamos, en parte, porque sabemos que nuestros amigos posiblemente dejarían de serlo si los tratáramos así.

En lugar de hablarles a sus hijos de una manera que los invite a colaborar (la actitud del buen jefe), muchos padres les dan órdenes, incluso aunque no sea necesario, y por norma hacen que la amenaza del castigo cuelgue sobre sus cabezas (la actitud del mal jefe). A muchos nos enseñaron que esta es la manera en que un padre o una madre fuertes demuestran su autoridad. Creemos que a la larga será bueno para nuestros hijos. Pero ¿qué puede haber de eficaz en que nuestros hijos quieran alejarse de nosotros?

Los niños no se convierten en unos caprichosos incontrolables porque sus padres los traten con respeto y cortesía. Al igual que a los adultos, a los niños les gusta que haya normas y pautas de comportamiento, siempre que tengan sentido y no les parezcan arbitrarias. Tienen conciencia de sus fechorías y, tras alguna que otra protesta en un intento por mantener el tipo, suelen estar dispuestos a aceptar las consecuencias si se les administran con justicia. Como adultos, nuestra experiencia y nuestros conocimientos nos confieren una natural autoridad en la relación con nuestros hijos, y ellos lo saben. Quieren sentirse protegidos por nuestra sensatez de adultos, así que en la mayoría de los casos no tendrán una reacción de rebeldía extrema si los límites que les ponemos son justos y apropiados para su edad.

Para tener una buena relación con tus hijos, no olvides este secreto: interiormente los niños son personas de verdad, como tú y como yo. Tienen una inclinación natural hacia aquellos que saben ver lo mejor que hay en ellos, que les dan tiempo para aprender y que no les recuerdan constantemente sus imperfecciones y errores. A todos, a cualquier edad, nos gusta que nos pregunten, no que nos dicten. Nuestros hijos agradecen que tengamos en cuenta sus necesidades. Poder disfrutar de una feliz convivencia, lo mismo con los niños que con los adultos, depende al final de que seamos capaces de inspirarlos para que quieran cooperar con nosotros.

43 Enfoca tus elogios

Utiliza los elogios como harías con un foco de luz muy potente.

Hace poco tuve ocasión de presenciar cómo una madre, llena de satisfacción, se deshacía en elogios hacia su hija, que acababa de conseguir en su recital de piano el equivalente musical de un mate en baloncesto.[*] «Estoy tan *orgullosa* de ti...», repetía exultante una y otra vez.

En voz baja, la hija se quejó abochornada: «*Mamá*...», al tiempo que agachaba la cabeza y miraba rápidamente a su alrededor para ver si alguien lo estaba oyendo.

A ver, yo no tenía la menor duda de que aquella madre pletórica de alegría se comportaba así con la mejor intención. Trataba de hacer lo correcto: fortalecer la autoestima de su hija, reconocer su habilidad y celebrar su éxito. Su teoría de la crianza parecía ser: «Cuantos más elogios, mejor». Sin embargo, estaba claro que su hija solo quería que se callara.

¿Era una niña con baja autoestima, incapaz de tener una buena opinión de sí misma? No lo parecía. La niña estaba radiante al bajar del escenario. Sabía que lo había conseguido. Lo que parecía incomodarla era la *forma* en que su madre la elogiaba.

El incidente me hizo pensar en alguien que en la oscuridad te apuntara con una linterna muy potente directamente a los ojos y te dijera: «¡Ya está! Ahora verás mejor». Es cierto que la luz nos ayuda a ver mejor, pero, para sernos de utilidad, debe ser indirecta y enfocar aquello que necesitamos ver, no inundarnos las retinas de un resplandor hiriente. Así es el elogio. Empléalo como harías con un

---

[*] N. de la T.: Jugada que consiste en introducir con una o dos manos el balón en la canasta impulsándolo con fuerza hacia abajo.

foco de luz muy brillante y sabrás exactamente cómo manejarlo. Lo diriges hacia lo que la persona ha hecho y hablas de *eso*.

Actuar de ese modo le habría permitido a esta madre estar al lado de su hija mientras hacía brillar la luz del elogio, y habrían podido compartir el júbilo por aquella actuación admirable. Por ejemplo, en lugar de decir: «¡Estoy tan orgullosa de ti!», la madre podría haber hecho algún comentario sobre la actuación, como: «¡Ha sido magistral!» o «¡La manera en que has interpretado esa segunda parte me ha emocionado!» o «¡Qué *preciosidad* de interpretación!». Parece que la diferencia sea muy sutil, pero no lo es. El lenguaje que utilizamos tiene la finalidad de crear imágenes concretas en la mente de nuestro interlocutor.

¿Qué imagen te viene a la cabeza cuando oyes: «Estoy muy orgullosa de ti»? Yo veo a una madre radiante de satisfacción mirando *desde arriba* a su hijita y dándole su aprobación, mientras ella absorbe pasivamente el juicio materno. En cambio, si la atención se enfoca en el rendimiento o el logro de la niña («¡Has hecho un trabajo de primera!»), veo a la madre de pie *al lado* de su hija, rodeándole los hombros con el brazo, mientras ambas contemplan el trabajo y coinciden en que ha sido muy bueno.

¿Te das cuenta de que en el primer tipo de elogio lo importante es el orgullo de la madre, y en el segundo la calidad de lo que la niña acaba de hacer? Cuando los elogios se centran solo en el orgullo de los padres, puede resultar un poco incómodo recibirlos. Además, ese énfasis del orgullo paterno o materno puede llevar implícito el mensaje «esta vez»: «Esta vez, estoy muy orgulloso de ti». Me trae a la mente algunas de esas pegatinas que la gente en Estados Unidos luce en el parachoques: *Mi hijo es un alumno de matrícula de honor*. Ya, este año. ¿Qué pasa si el próximo curso no lo consigue? ¿Seguirás estando orgullosa de él?

Por el contrario, cuando lo que elogias es el rendimiento, no hay presión: el trabajo está hecho; ha sido formidable, y eso nadie se lo podrá quitar. Además, en este caso se destaca lo que el hijo ha hecho bien, no lo que siente su padre. Elogiar el logro allana el camino para nuevos logros; en cambio, que el padre exprese su orgullo refuerza en el hijo la necesidad de aprobación paterna.

Cuando tu atención está puesta en apreciar lo que tu hija consigue y en saborear sus éxitos con ella, os unís en la conexión emocional de estar celebrando juntas un trabajo bien hecho. Es una experiencia fortalecedora, que ayuda a la niña a darse cuenta de que, cuando pone auténtico interés en lo que hace, consigue buenos resultados y los demás valoran su trabajo. Cuando los padres expresan lo orgullosos que están de su hijo, el niño se siente especial, de eso no hay duda, pero a veces también un poco inquieto, un poco en peligro de caer del pedestal.

Lo mismo puede aplicarse a tus empleados, tu pareja o quienquiera que haya hecho algo que consideras digno de elogio. Piensa en cualquier ceremonia de entrega de premios a la que hayas asistido. Los presentadores hablan de lo que el galardonado ha hecho, no se limitan a decir: «¡Estamos muy orgullosos de ti!», y a entregarle el premio. El reconocimiento consiste en tomarse el tiempo que haga falta para citar los hechos, no en expresar lo felices que nos sentimos nosotros.

Para que no pienses que soy una purista en todo esto, tengo que decir cuanto antes que hay muchas ocasiones en las que un simple y directo «¡estoy tan orgullosa de ti!» nos brota de los labios y no hay nada que podamos hacer para impedirlo. A veces es realmente lo único que se puede decir, porque nos sale del corazón con toda sinceridad. Lo que me parece importante es que volvamos a enfocar la atención rápidamente en el logro de la otra persona, en lugar de recrearnos en nuestro sentimiento de orgullo. Entonces los elogios son mucho más fáciles de aceptar.

44 Cómo consolar al niño y la niña extrovertidos

Intenta no tomarte sus afirmaciones al pie de la letra ni sus reacciones demasiado a pecho.

Al niño y la niña extrovertidos les cuesta soportar los momentos insulsos, y lo mismo es aplicable a su vida emocional. Cuando se enfadan, cualquier problema se convierte fácilmente en un grito de guerra. Estos niños tienen una tendencia instintiva a buscar auxilio en el exterior cuando están angustiados. La posibilidad de reflexionar para encontrar salida a sus problemas, como haría alguien de carácter más introvertido, es ajena por completo a la agitada mente extrovertida. La vía natural para esta mente es la acción, y el niño descubre que hacer algo, lo que sea, lo hace sentirse mejor de inmediato.

Hay tres cosas que los niños extrovertidos tienden a hacer cuando se disgustan: exageran la situación y sus reacciones ante ella, proyectan la culpa y amenazan con hacer algo extremo. Saber cómo responder a estas reacciones extrovertidas puede marcar la diferencia entre ser capaces de ayudar al niño o empeorar las cosas.

En primer lugar, es importante no tomarse en serio cada palabra exagerada que salga del niño extrovertido en un momento de enfado o dolor. La tendencia a la exageración es de todos modos natural en los extrovertidos de gran corazón y simplemente se amplifica cuando están enfadados. En caliente, pueden llegar a decir cosas que a la persona querida se le clavan en la mente como una flecha. ¿Lo decían en serio? Tal vez no, pero indudablemente lo han dicho con vehemencia.

Más tarde, sin embargo, cuando el momento ha pasado, el extrovertido suele quitar importancia a todo lo que ha dicho y preguntarse por qué los demás siguen tan molestos con él. Desde su punto de vista, solo estaba desahogándose. En muchos casos, a esta persona le cuesta de verdad creer que haya gente que sigue sintiendo el efecto de sus palabras acaloradas mucho tiempo después de que a ella el incidente se le haya borrado de la mente por completo.

Una forma de entender las reacciones exageradas del niño extrovertido es considerarlas un intento desesperado por conectar contigo cuando está angustiado. Las heridas emocionales o los problemas que bullen en su interior lo hacen sentirse aislado y muy solo, uno de los estados más dolorosos en que puede encontrarse alguien extrovertido. La agitación que manifiesta cuando las cosas no son como él quiere demuestra lo aislado que se siente. Necesita desesperadamente conectar con alguien en esos momentos.

Además, cuando el niño extrovertido está muy afligido, intentará aliviar su frustración culpando a los demás y amenazando con cualquier acción extrema. En ese momento, no hay cabida en él para reflexiones ni autoexámenes; lo primero que le viene a la mente para no sentirse tan mal es imaginar una acción, la que sea, que le devuelva el poder. Decirle en medio de ese desconsuelo que deje de culpar a los demás y que sus acusaciones son injustas no hará más que aumentar su frustración y la tuya. Necesita culpar a todo el mundo, antes de poder calmarse lo suficiente como para ver las cosas de otra manera. Es inútil discutir con él cuando está disgustado, ya que culpar a los demás es su forma natural de dejar salir el malestar que siente. Después, cuando se hayan calmado las cosas y el niño se sienta nuevamente a salvo y tranquilo, puedes volver a la discusión enfocándola desde otro punto de vista, y entonces tu hijo extrovertido quizá sea capaz de escucharte.

El mayor consuelo que puedes ofrecerles al niño o la niña extrovertidos es implicarte profundamente en la interacción y escucharlos con intensa receptividad. Procura no tomarte sus afirmaciones al pie de la letra ni sus reacciones demasiado a pecho. Enfoca la atención en sus sentimientos y necesidades insatisfechas en lugar de en lo que amenazan con hacer. Recuerda siempre que cuando en esos momentos tu hijo te echa la culpa de todo y amenaza con hacer algo extremo, en realidad está pidiéndote que comprendas su dolor y le hables con cariño para que el dolor desaparezca. Escucha lo que hay debajo de la fanfarronería y las acusaciones para llegar al miedo que siente. Exagera cuanto quieras las respuestas de empatía para que reflejen plenamente su angustia.

Cuando el niño y la niña extrovertidos sufren, lo que quieren desesperadamente es desahogarse en tu corazón receptivo. Aunque digan barbaridades, solo están intentando comunicar su emoción de la manera más vívida posible. Para reconfortarlos, escucha con el corazón —no con la mente— el dolor, el miedo o la decepción que hay debajo de sus palabras y dales numerosas señales claras de que los estás escuchando.

Una vez que el niño extrovertido siente que has respondido con auténtica energía a sus sentimientos, se sentirá extrañamente satisfecho y tranquilo. Cuanto más reflejes que aceptas incondicionalmente su angustia, más fácil le será soltarse y calmarse; antes de que eso suceda, tiene que saber con seguridad que te has unido a él en lo más profundo de su dolor. Cualquier otra cosa lo hará sentirse aislado y desesperado por encontrar alivio. Cuanto más lo convenzas de que aceptas y comprendes su angustia, antes lo verás recuperar su natural optimismo.

45 Cómo consolar al niño y a la niña introvertidos

El niño introvertido espera secretamente que no te rindas.

Hay dos tipos de niños en el mundo: los que piden consuelo y los que se esconden para que nadie se lo dé. El niño y la niña extrovertidos son expresivos y comunican su angustia abiertamente, ya sea con palabras o con actos. Cuando están disgustados, sus emociones se transforman rápidamente en alguna clase de interacción con los demás. La angustia del niño extrovertido se manifestará en forma de mala conducta o de enfado, porque estos niños, cuando sufren, no pueden evitar implicar a otras personas en su dolor. Los introvertidos son todo lo contrario.

Cuando el niño y la niña introvertidos se disgustan, instintivamente ocultan sus sentimientos y *evitan* toda interacción. Si los extrovertidos tienen el impulso de volcar su angustia en el exterior, los introvertidos son como la anémona de mar, que se repliega en su mundo interior a la primera señal de dolor. La finalidad de ese retraimiento instintivo es formar un muro impenetrable alrededor del sufrimiento; ese muro les hace sentirse momentáneamente más seguros, pero al mismo tiempo impide que pueda llegarles ningún consuelo. En su dolor, lo que el niño y la niña introvertidos quieren a toda costa es ser lo menos vulnerables posible, y esto habitualmente les hace encogerse para que nadie repare en ellos.

Como describe Marti Laney en su libro *La ventaja de ser introvertido*,[*] las personas introvertidas tienen una capacidad asombrosa para fingir que las cosas no les duelen. Sienten con intensidad y

---

[*] Editorial Sirio, 2018.

reaccionan con fuerza, pero su retraimiento protector hace que a menudo parezcan más tranquilas e imperturbables de lo que realmente son. En muchos casos se malinterpreta lo que sienten; creemos que un determinado suceso no les ha afectado, y es simplemente debido a que el reflejo de supervivencia les hace poner una expresión impenetrable cuando más disgustadas están.

Hay una buena razón para que los introvertidos sientan el impulso de retraerse y aislarse, ya que les da fuerza y energía estar a solas. La contemplación y la reflexión ayudan al niño introvertido a recomponerse y volver a encontrar su centro. Si a tu hijo o tu hija introvertido le pides insistentemente que te cuente qué le pasa antes de que haya terminado de hacer ese trabajo interior tan crucial, se sentirá presionado e importunado, no reconfortado. Los niños introvertidos *necesitan* mantener a todo el mundo al margen hasta haberse reorganizado interiormente lo bastante como para poder hablar de lo que les pasa.

Por desgracia, es fácil que el padre o la madre se sientan rechazados o confundidos cuando su hijo, que está obviamente disgustado, rehúye cualquier pregunta compasiva o no acepta la ayuda que le ofrecen. La madre quería ser su paño de lágrimas y se toma como algo personal que el niño introvertido se cierre a cal y canto. Se retira frustrada, y eso aumenta la distancia y erosiona la buena disposición entre la madre y el hijo, que en realidad se necesitan profundamente el uno al otro. Para consolarlo, hay que saber esperar. Hay que ser como una auxiliar sanitaria, y es una ayuda tener esta imagen presente. Al niño y la niña introvertidos puede resultarles muy difícil interactuar en medio de su angustia porque el procesamiento interno les ocupa toda la atención. Pero por muy brusco que sea el rechazo, ten por seguro que tu hijo introvertido espera secretamente que no te rindas. Aunque le cueste mucho interactuar cuando está sufriendo, no quiere que lo dejes absolutamente solo.

Concederle el tiempo y el espacio que necesita, y seguir estando a la vez interesada en lo que le pasa y a su entera disposición, es como trabajar en el lanzamiento de un transbordador espacial de la NASA. No puedes irte con él cuando te deja atrás, pero puedes estar ahí para recogerlo donde aterrice. Y nunca, ni por un momento, le quitas ojo mientras está en el aire. El curso que sigue la angustia del niño introvertido tiene su propio ritmo, pero tu paciencia y tu sincero interés le dan una profunda sensación de seguridad. Tu hijo necesita saber que te has dado cuenta, que no te has dejado engañar por su cara inexpresiva o su gesto imperturbable. Incluso aunque se encoja de hombros y se vaya, se irá profundamente agradecido de que alguien se haya percatado de que se siente mal.

El niño y la niña introvertidos se recuperan estando a solas, pero no les gusta sentirse solos. Puede que al cabo de un tiempo te cuenten lo que les pasaba, pero esa no será para ellos la parte más curativa. La parte importante será aquella en la que tú estuviste pendiente de ellos, consciente de las corrientes profundas que se movían bajo sus muros protectores. Para reconfortar a estos niños, no los presiones. Pero tampoco te vayas. Tu atención y tu interés son su pasarela de vuelta al mundo.

46 Los hijos desagradecidos

*Un agradecimiento prematuro fija la mente al pasado
e impide que se dirija hacia el futuro por construir.*

Nuestros hijos no pretenden ser desagradecidos. Simplemente no entienden lo que supone ser padres. Desde su perspectiva, todo lo bueno que hay en sus vidas fluye hacia ellos del modo más natural, no como consecuencia de nada en particular que hagan los adultos. Aunque sepan que sus padres trabajan muchas horas o los vean preocuparse por el dinero, no relacionan una cosa con la otra como para que signifique algo.

La primera semilla de gratitud hacia los padres suele empezar a germinar a partir de los veinte años, cuando el hijo o la hija tienen su primer trabajo importante o su primer bebé. En esos momentos, aunque la novedad de la edad adulta supone un reto, hay en esos jóvenes un vigorizante sentimiento de orgullo por desempeñar al fin el papel de adultos. A los veintitantos años, los hijos se alegran de haber dejado en paz a sus padres y llevar ahora el timón de su vida. Están convencidos, además, de que no necesitan ningún consejo de mamá y papá relacionado con el trabajo, las relaciones o cómo criar a sus hijos. El futuro encierra la promesa de una vida que será creación suya.

Hacia la treintena, aunque ese hijo y esa hija siguen teniendo la audacia y la confianza de unos adultos recién salidos del cascarón, empiezan a darse cuenta de lo repetitivo que se hace todo. Entienden por primera vez el valor que pueden tener unos objetivos a más largo plazo y, aunque siguen defendiendo su independencia, están dispuestos a ver en sus padres una posible fuente de información sobre cosas importantes, como comprar una casa, solicitar un préstamo bancario o resolver un problema de trabajo. Estos treintañeros valoran a sus padres por sus conocimientos y su experiencia, pero siguen queriendo ser libres para aprender ellos solos.

Hasta llegar a la primera mitad de la cuarentena, no empiezan estos hijos a darse cuenta de lo que es ver recortadas sus posibilidades y libertades, ya sea por cuestiones financieras o por la aparición de los primeros indicios claros de envejecimiento. A la par que son conscientes de estas serias realidades, ven también que sus responsabilidades no disminuyen, sino que en todo caso van en aumento. Puede que se den cuenta de lo que es sentirse atrapados en un trabajo o renunciar a un sueño para que su hijo o su hija pueda realizar el suyo. A esta edad comienzan los momentos de reflexión. Por primera vez en su vida, estos hijos comprenden lo difícil que es ser adulto un día detrás de otro. Ahora se hacen una idea de lo mucho que sus padres realmente les dieron y de lo mucho que los quisieron. El agradecimiento empieza a echar raíces en su interior a medida que la experiencia de la vida les da una noción de cuánta responsabilidad asumieron sus padres.

Solo a partir de los cincuenta, cuando los años y la necesidad de conservar las energías nos hacen más contemplativos, estos hijos de mediana edad comienzan a entender de verdad las cosas. Ven realmente lo que se siente al tener que seguir trabajando mucho más de lo que a uno le gustaría. Ahora se dan cuenta del escaso control que tienen sobre muchos aspectos importantes de la vida y de lo necesario que es seguir adelante incluso aunque no les apetezca. Por fin sienten, a esta edad tardía, una inequívoca gratitud por lo que sus padres les dieron en su infancia y adolescencia. Ahora saben lo que les costó.

Para cuando cumplen los sesenta y los setenta, esos hijos antes desagradecidos se han convertido en hermanos del alma de sus padres, ya que ahora comprenden lo mismo que ellos la inevitabilidad del declive humano. Los pequeños alardes narcisistas de épocas anteriores se han superado en su mayor parte, y los padres ya ancianos y sus hijos de edad avanzada recuerdan cada vez más a personas que combatieron en la misma guerra, con mucho más en común de lo que habrían podido imaginar en otro tiempo. El futuro y el pasado se encuentran.

La moraleja de esto es: si tratas a tus hijos pequeños con amor y ecuanimidad (principalmente) y actúas de buena fe, pasarán unos cuarenta años antes de que te den con gusto lo que te corresponde. Será entonces cuando puedan sentirse verdaderamente agradecidos y orgullosos de ti por todo lo que hiciste. Hasta que llegue ese momento, sencillamente estarán demasiado ocupados en crear su propia vida.

No te desanimes. *Necesitan* esos primeros cuarenta años de inevitable arrogancia para hacer lo que vayan haciendo sin mirar atrás. Un agradecimiento prematuro fija la mente al pasado e impide que se dirija hacia el futuro por construir. Hasta que tus hijos sean lo bastante mayores como para comprender de verdad lo que hiciste por ellos, consuélate sabiendo que su gratitud está germinando muy lentamente y que, tras un largo proceso, será espléndida el día que al fin florezca. Entonces sabrán por sí mismos lo que tú no hubieras podido explicarles con palabras ni en un millón de años: cuánto los has querido y cuánto les has dado. Solo cuando ellos hayan amado y dado en la misma medida descubrirán la verdadera gratitud y comprenderán por primera vez todo lo que recibieron de ti.

47 ¡Aquí viene la generación Z!

*¿Qué se hace con un niño que no se deja
impresionar por la autoridad de los adultos?*

Ha llegado al mundo un nuevo tipo de niño. Para estos niños y niñas increíblemente desenvueltos es más importante expresarse que complacer a los adultos, todo lo contrario de lo que a ti te condicionaron a hacer tus padres EI. Deciden ellos solos. No se sienten culpables por recrearse en lo que les resulta placentero y demuestran una total indiferencia por los logros convencionales. No es de extrañar que sus padres lean libros de crianza infantil uno detrás de otro. Una nueva raza de niños está poniendo a prueba la crianza convencional: ¡prepárate para los *zoomers*!*

Los padres para los que el sentido de cualquier acción está en el resultado final se quedan anonadados al ver que el método del premio y el castigo –lo mejor que les ofrece la psicología conductista– solo sirve para que sus hijos se afiancen todavía más en las conductas que eran precisamente la causa del problema. Cuando un padre o una madre intenta motivar a un *zoomer* predicando lo que es bueno o más recomendable, posiblemente el *zoomer* lo mire como diciendo: «Eso tendré que juzgarlo *yo*». ¿Qué se hace con un hijo o una hija que no se deja impresionar por la autoridad de los adultos, que acepta el castigo sin interiorizar la vergüenza y que no abandona su punto de vista a pesar de todos los esfuerzos y coerciones del adulto? Ah, y por cierto, estos niños aceptan de buen grado las recompensas, pero sin la inquietante sensación de que deben nada a cambio. Son la pesadilla del padre y la madre autoritarios.

---

* N. de la T.: *Zoomers* es otra forma de referirse a la generación Z (los nacidos entre 1995 y 2015). Son la primera generación nacida en un mundo globalmente digital y tecnológico.

En contra de lo que sus padres más pueden temer, estos niños enérgicos y obstinados no son antisociales, desapegados ni congénitamente provocadores. Simplemente son *ellos mismos*.

Saben lo que les gusta y a quién respetan (o no) y su principal motivación es satisfacer las necesidades de su yo interior lo antes posible. Estos niños se meten de lleno en lo que les apasiona y parecen tener la idea de que si algo no les hace sentirse realizados no merece la pena hacerlo. Son invariablemente ágiles y resueltos en aquello que les interesa, pero parecen ser incapaces de sentirse motivados, o incluso de moverse, si una actividad no significa nada para ellos.

Como el miedo no forma parte de su configuración mental, no es fácil hacerles obedecer recurriendo a las amenazas. En lugar de buscar en los adultos indicaciones de lo que es importante, la generación Z mira *en su interior*. («¿Esto me resulta de verdad estimulante? ¿Vivificante? ¿Es *divertido*?»). ¡Qué les pasa a estos niños! ¿Cómo es que pueden preguntarse si algo es *divertido* mientras que los adultos aceptamos sin rechistar la idea de que tenemos que *trabajar* para ascender y seguir ascendiendo en la escala? La respuesta está en la clásica pirámide de motivación humana de Abraham Maslow, la jerarquía de necesidades.

Según Maslow, las necesidades de los seres humanos se colocan unas sobre otras formando una pirámide; desde las necesidades básicas para la supervivencia, pasando por la necesidad de pertenencia y amor, y llegando por último a la cúspide de la pirámide: la necesidad de autorrealización. A todas las necesidades que están por debajo de esa necesidad de autorrealización, Maslow las llamó *motivaciones carenciales*, lo que significa que las personas dominadas por estas necesidades ven la vida como una lucha por la supervivencia, la pertenencia y el estatus. Cualquier persona cuya vida esté regida por las motivaciones carenciales será una perfecta candidata para técnicas conductuales como la del elogio y el castigo, porque necesita que la seguridad y las recompensas le lleguen *de fuera*.

No es el caso de los *zoomers*. Llegaron al mundo en un momento de la sociedad en el que sus padres, trabajadores incansables, habían conseguido una posición social capaz de satisfacer todas las necesidades de los rangos inferiores de la pirámide, basadas en la carencia, incluso antes de que estos niños nacieran. El *zoomer* empieza su vida en la cima de la pirámide de necesidades de Maslow. Por eso la aprobación y los honores no le motivan especialmente. Sus abnegados padres le proporcionan un hogar seguro y, además, satisfacen su necesidad de estima con solo demostrarle que lo quieren pase lo que pase. El *zoomer* no se molesta en complacer a los demás para tener un sentido de pertenencia, ya que sus padres han cuidado de hacer todo lo posible para que ese niño se sienta seguro y sepa que cuenta con su amor incondicional.

Desde que respiran por primera vez, el niño y la niña de la generación Z llegan preparados para el siguiente paso, la autorrealización que sus padres no han llegado a alcanzar (al menos no sin un considerable sentimiento de culpa) porque su vida estaba enfocada en conseguir un objetivo tras otro y motivada por las carencias. No es posible atemorizar a los *zoomers* para que estudien algo que les permita ganarse la vida ni es posible despertar en ellos un sentimiento de culpa por no pensar en los demás. Los *zoomers* no tienen miedo ni se sienten culpables. Sencillamente, ellos no ven la vida de esa manera. Si lo piensas un poco, su percepción de la realidad tiene una lógica impecable. Los padres ya nos hemos ocupado de atender sus motivaciones carenciales. Desde su perspectiva, ¿qué necesidad hay de que alcancen ninguno de los logros convencionales cuando sus padres les han dejado tan claro que tienen ya la seguridad y el amor que necesitan, que son especiales y maravillosos? No hay ningún lugar hacia el que tenga sentido dar un paso que no sea el siguiente escalón, el de la autorrealización y la independencia interior.

Pero, por supuesto, a los padres les preocupa qué pasaría si de repente estos *zoomers* tuvieran que ganarse la vida. ¿Y si hubiera una catástrofe y se vieran obligados a encontrar los medios para sobrevivir? ¿Serían capaces de hacerlo?

Sí, claro que sí, porque entonces los *zoomers* tendrían que responder a una necesidad *real* —con su propia urgencia motriz— que sentirían desde dentro. Si la supervivencia y la seguridad están en peligro, la autorrealización pasa automáticamente a segundo plano hasta que se restablezca la seguridad. Los padres pueden estar tranquilos, porque las leyes de la pirámide de Maslow funcionan también a la inversa. Según las necesidades, podemos bajar escalones de la pirámide lo mismo que antes los subimos.

El niño y la niña de la generación Z han trascendido el sistema de vida basado en la recompensa y el castigo, aunque para nosotros, los padres, siga estando vigente. No es que sean egoístas o se crean con derecho a todo. Están siendo simplemente lo que es necesario que sean, dada la situación que sus padres les han preparado. Desde su perspectiva, ¿por qué debería ser una motivación lograr lo que ya está hecho? En realidad, es absurdo esperar que les entusiasme la idea de resolver un jeroglífico que nosotros ya hemos descifrado previamente.

¿Y qué hacemos los padres con todo esto? En primer lugar, deberías darte una palmadita en la espalda por haberle dado a tu hijo o tu hija un empujón hacia la cima de la pirámide. Es un inmenso logro generacional del que cualquier padre o madre puede sentirse justificadamente orgulloso. En segundo lugar, dado que muchos componentes de la actual generación adulta no podemos dedicar demasiado tiempo a la autorrealización, tenemos que admitir que, en realidad, no sabemos prácticamente nada sobre cómo hacer la vida ahí arriba. Quizá los *zoomers* nos enseñen lo que es vivir a ese nivel. Si prestamos atención, ¿quién sabe cuántas cosas nuevas aprenderemos sobre educación, crianza y lo que importa de verdad en la vida? Aunque sigamos revisándoles los deberes y haciéndoles sacar la basura, creo que vale la pena dejar que los *zoomers* nos muestren lo que es vivir la vida desde lo más alto.

48 Acepta la inmadurez de tu hijo y tu hija adolescentes

Lo que tú quieres por encima de todo es que tus hijos se abran camino en la vida para poder relajarte al fin.

Desde hace un tiempo, veo cada vez a más padres y madres empezar a angustiarse pensando en el futuro de sus hijos cuando son todavía unos niños. Antes de que hayan terminado la educación primaria, los padres empiezan a ponerse nerviosos si bajan de nota en una o dos asignaturas y, a la primera de cambio, les sueltan sermones sobre la importancia de tener una buena nota media para conseguir un buen trabajo el día de mañana. Cuando los niños empiezan el instituto, los padres se agobian dando vueltas a qué modalidad de bachillerato tiene más salidas, a si convendría que sus hijos se inscribieran en clases suplementarias de nivel avanzado y a la posibilidad de utilizar parte de los ahorros que tienen para la universidad en pagarles un curso de preparación para el examen de selectividad.

Quedan muy lejos los tiempos en que los padres se implicaban menos y el niño y la niña crecían sin tanta supervisión. En aquel entonces, los adolescentes tenían la oportunidad de revolverse a sus anchas dentro de la crisálida de la adolescencia, de divertirse con sus amigos, jugar, pasar el rato y, en general, perder el tiempo. Pero no era realmente una pérdida de tiempo, al menos desde el punto de vista del desarrollo. La principal tarea psicológica de un adolescente es descubrir quién es, fuera de la relación con papá y mamá y al margen de lo que ellos piensen, y qué tipo de vida le gustaría tener ahora que está más cerca de la edad adulta. Pero un padre o una madre que se angustian pensando en el futuro de su hijo no pueden resistir la tentación de meter la mano en el capullo donde se está produciendo la metamorfosis y acelerar un poco las cosas o, al menos, recolocar una o dos extremidades para que el desarrollo sea óptimo.

¿Vives con miedo a que tus hijos se queden atrás en medio de la polvareda, mientras los demás corren en estampida a atrapar las escasas posibilidades de éxito académico o laboral? ¿Imaginas vívidamente a tu preciosa hija relegada a una universidad de tercera y desperdiciando su potencial solo porque este curso no se ha tomado en serio la asignatura de Química? ¿Imaginas a tu hijo de catorce años, que está siempre enfadado y es un vago y un egoísta, comportándose igual con un futuro jefe, y te angustias noche y día por un comportamiento que en realidad es la manera normal de ser de un adolescente? Si es así, eres un ejemplo de *madre o padre estratégicos* cada día más en auge.

En el pasado, los padres vivían en un mundo en el que era posible encontrar un buen trabajo en una empresa y tener la seguridad de que sería para toda la vida. Entrar en la universidad, si te lo podías permitir económicamente, no representaba un problema. En cambio, hoy existe la competición derivada de una economía global, los jóvenes no pueden permitirse pagar un apartamento con lo que ganan haciendo unos trabajos cada vez más precarios y la seguridad laboral prácticamente ha desaparecido. Los libros de autoayuda y crianza infantil van convirtiendo tu inquietud de madre en auténtica ansiedad, porque dan a entender que puedes moldear a tus hijos para que sean lo que tú quieras. Quizá leas entre líneas que depende de ti que tus hijos no fracasen. Y lo que tú quieres por encima de todo es que tus hijos se abran camino en la vida para poder relajarte al fin.

Hoy en día, los padres estratégicos creen que hay demasiado en juego como para que su hija o su hijo se dejen llevar por la dinámica de una adolescencia común. No hay tiempo para eso. El tiempo corre y la línea de salida está cada vez más llena. En la actualidad, gran parte del comportamiento adolescente normal se considera un peligro de cara al éxito futuro.

Sin embargo, el comportamiento normal de un adolescente refleja, por definición, que es todavía inmaduro y que no se le dan bien ni el autocontrol ni la planificación a años vista. En un adulto, estas características supondrían un problema, pero son totalmente normales en un chico o una chica de quince años. Muy pocos comportamientos de la adolescencia permiten realmente pronosticar el éxito o el fracaso futuros. Los padres estratégicos han perdido de vista un hecho fundamental, y es que su hijo o su hija adolescente aún no ha madurado. Si estás entre estos padres, tu ansia por ver en ese adolescente algún signo, el que sea, de madurez adulta fomenta en él un conformismo acartonado y un empeño por conseguir resultados notables y te hace impacientarte con el comportamiento normal y miope de los adolescentes.

Pero ese comportamiento irreflexivo propio de la adolescencia es la forma en que muchos chicos y chicas se encuentran a sí mismos. Los padres estratégicos quieren ponerse al timón de la aventura que a su hijo le toca vivir y básicamente le dicen: «No hace falta que experimentes con esto ni que pruebes aquello; tú pregúntame, y yo te diré lo que se siente». Como padres estratégicos, sabemos que los errores pueden salir caros, así que hacemos lo posible por que nuestros hijos los eviten. En otras palabras, no vale la pena que se arriesguen a experimentar, cuando hay tanto en juego. Sin embargo, toda esta estrategia y planificación no harán mella en el impulso adolescente de batir las alas, que los hará chocar contra las cosas (conocido también como «aprender de la experiencia»).

He aquí una idea. Tal vez podríamos dar tiempo a nuestros hijos y tener fe en su proceso de maduración. Tal vez podríamos intentar que no se sientan fracasados por estar a medio camino. Además, ni todos los sermones del mundo acelerarán el desarrollo básico del cerebro. El proceso de crecimiento es cualquier cosa menos ordenado; está lleno de pasos hacia delante y hacia atrás. A veces la única estrategia sensata es sentarse y esperar a que el resto de su inmadurez se ponga a la altura.

49 Por qué Einstein no jugaba al fútbol

*Sabía que lo que llegara a ser en su vida no tendría
nada que ver con correr detrás de un balón.*

¿Has visto alguna vez una foto de Einstein sonriente, con las mejillas sonrosadas, apretándose un balón de fútbol contra el pecho tras marcar el gol de la victoria? Yo diría que no. No es exactamente la imagen que asociamos a su grandeza, ¿verdad? Estamos mucho más acostumbrados a la imagen de Einstein en su estudio, con el pelo alborotado y un rotundo aire de intelectual; a una instantánea de él haciendo lo que mejor sabía hacer: pensar.

Einstein era introvertido, y para las personas introvertidas es fuente de energía y placer el mundo interior de sus pensamientos. La introversión no tiene nada que ver con el apocamiento o la timidez; es la inclinación a ir hacia dentro cuando se necesita reponer energías. Cuando los extrovertidos necesitan recargarse, van directos al mundo exterior, de actividades y contacto con la gente, mientras que esa misma dosis de actividad puede resultarle agotadora a la persona introvertida.

Los introvertidos necesitan volverse hacia su interior y tener periodos de soledad en los que poder procesar las innumerables impresiones que se han cruzado en su camino ese día y reflexionar sobre ellas. A menudo, no saben en un primer momento lo que piensan de una situación. Tienen que retirarse un poco y averiguar el sentido que ven a cada cosa. Después de esto, pueden volver y ser bastante enérgicos y elocuentes sobre sus creencias. Los extrovertidos, por el contrario, piensan en voz alta y llegan a conclusiones al instante, y si es necesario ya las corregirán después.

Ni que decir tiene que los extrovertidos se desenvuelven muy bien en situaciones de grupo. Los debates de cualquier clase están hechos para el estilo extrovertido de pensar e interactuar. También los partidos de fútbol, las actividades comunitarias, los clubes y las asociaciones de padres, madres y profesores. Según algunos cálculos, hay el doble de extrovertidos que de introvertidos en nuestra cultura. Como consecuencia, la manera en que se definen la salud mental, el éxito, la felicidad y las buenas relaciones coincide en buena medida con los ideales extrovertidos.

Recientemente se han publicado varios libros y estudios sobre los factores que contribuyen a la felicidad y la salud. En general, todos ellos se corresponden con el sueño de cualquier persona extrovertida: abundantes contactos sociales, participación en la vida comunitaria y diversidad de actividades. ¿Significa esto que los introvertidos, que aborrecen las multitudes, sienten pavor cuando suena el teléfono y no quieren saber nada sobre cooperar en un grupo de voluntarios, están destinados a ser unos inadaptados? ¿O a padecer enfermedades? Tal vez —solo tal vez— hubiera un poco de tendenciosidad cuando se decidió qué factores tener en cuenta para el estudio. ¿Son imaginaciones mías, o se trasluce en esto un prejuicio no tan sutil contra la necesidad que tienen los introvertidos de pasar tiempo a solas para reponer energías y de hacer sus aportaciones al mundo de una manera más solitaria y discreta? Quizá la idea que los introvertidos tienen de lo que es una actividad amena difiera un poco de lo que en la edad adulta equivaldría a dar vueltas alrededor de un campo de fútbol.

Una mujer que conozco tiene una hija muy inteligente. Por el bien de la niña, la apuntaron a los entrenamientos de fútbol, supongo que con la intención de que estuviera en buena forma y aprendiera a trabajar en equipo y a conseguir objetivos de grupo. Pero, como Einstein, la niña tenía otros intereses. En cada

descanso que había durante el entrenamiento, la veía sentada debajo de un árbol con un libro en las manos, leyendo ese ratito antes de
tener que volver al campo a dar patadas al balón con sus compañeras extrovertidas. Esta chica de mente brillante e inquisitiva sabía,
como Einstein, que lo que llegara a ser en su vida no tendría nada
que ver con correr detrás de un balón. Creo que sabía también que
sus aptitudes e intereses posiblemente no estuvieran relacionados
con los objetivos de grupo y ni siquiera con el trabajo en equipo.

Tenemos miedo a que nuestros hijos no estén preparados para
la vida si no los inscribimos en actividades que cuenten con el visto
bueno de los extrovertidos, como los deportes de grupo. Si a tus
hijos les gustan los deportes, estupendo. Si no, igual de estupendo. Seguro que algún valor deben de tener también las actividades
preferidas de los introvertidos, como leer, escribir, pintar o charlar
con una amiga. Me da la impresión de que el fútbol enseña la manera de comportarse en un campo de fútbol, pero no en una sala
de juntas ni en otros bastiones del poder adulto, donde se necesitan
habilidades interpersonales totalmente distintas.

Así que si a ti o a tu pequeña no os gustan las actividades de
grupo en las que se corre, se grita y se choca contra los demás, no
te preocupes. Tienes otros lugares en los que invertir tus energías.
¿Sabías que el cerebro común, cuando está activo, utiliza hasta el
veinte por ciento de las reservas de glucosa del organismo? Imagínate lo que eso supone para un pensador que esté por encima de la
media. No me extraña que Einstein no jugara al fútbol.

Los introvertidos gastan su energía dentro de la cabeza. A menudo no les queda mucha para la actividad social, y si han tenido que
interactuar con una o varias personas demasiado tiempo seguido, ne-
cesitarán pasar luego mucho tiempo a solas para reponer las energías.
¡Imagina el grado de agotamiento, si se obligaran a hacer todas las
actividades sociales que, según los estudios, son buenas para la salud!

Si tu hijo o tú sois introvertidos, buscad aquello que os llene de verdad. Confieso que no sé si Einstein jugaba al fútbol o no, pero sí sé que tenía algunas cosas propias que aportar. Los introvertidos también importan, así que busca tu manera de aportar algo a la humanidad y deja que los extrovertidos se queden con el campo de fútbol. Ellos y tú podéis ser felices y estar sanos, cada uno a vuestra manera.

50 La evolución en nuestros hijos

*«Normal» significa el punto en el que los padres creen
que la evolución debería haberse detenido.*

Cada vez que unos padres me cuentan lo desesperados que están
por la fascinación que tienen sus hijos con los videojuegos y las re-
des sociales, me viene a la mente la imagen de una madre caverní-
cola llena de preocupación por su vástago extrañamente lampiño,
angustiada por el frío que pasará toda su vida. O la de un padre ho-
mínido preguntándose cómo se las arreglará su hijo para saltar de
rama en rama con esos extraños pulgares oponibles. Me pregunto
si una madre neandertal se alarmó al ver la alta frente bulbosa de su
hija cromañón, que la hacía tan diferente de todos los demás bebés.

Pido disculpas por las posibles nociones equivocadas de an-
tropología, pero lo que quiero decir con esto es que la reacción
universal de los padres cuando la evolución se manifiesta en sus
hijos es querer que el reloj dé marcha atrás. Los padres solo se
sienten seguros cuando sus hijos parecen normales. Y «normal»
significa el punto en el que, a su entender, la evolución debería haberse detenido.

Los padres saben que los tiempos han cambiado y que las actividades que los jóvenes de hoy tienen a su alcance son diferentes
de las que ellos tenían, pero siguen queriendo que sus hijos sean la
clase de niños que contarían con la plena aprobación de sus abuelos. El problema es que la tecnología ha cambiado tanto las cosas
en las dos últimas generaciones que el entorno físico literal de un
niño es enormemente distinto de todo lo anterior. La publicidad
nos bombardea desde la pantalla de cada dispositivo incitándonos
a todos a querer más y a ir más rápido. En ningún momento nos

animan a sentarnos, prestar atención y obedecer a la autoridad. Eso no vende.

No veo ninguna señal de que las cosas vayan a retroceder y los niños vayan a sentarse cómodamente con un buen libro y a hacer obedientemente los deberes de gramática día tras día. No los veo volviendo al teléfono fijo para hablar con sus amigos ni renunciando a la televisión y los videojuegos para salir a jugar al patio. Los padres que esperan que sus hijos disfruten analizando textos y resolviendo ecuaciones sobre un papel se van a llevar una gran decepción.

¿A qué se debe esto? ¿Por qué están pisoteando así los medios electrónicos a nuestra querida sociedad del papel? Sencillamente porque el cerebro humano siempre ha sido amante de la velocidad y aborrece esperar. Cuando la tecnología era lenta y las distancias enormes, no teníamos más remedio que esperar, tomárnoslo con calma, planificar. La dedicación lenta y meticulosa a una tarea se consideraba una virtud.

Pero el ritmo de la evolución humana tiende a la velocidad. El cerebro humano siempre ha respondido con vivo interés a cualquier cosa que amplíe sus horizontes y le permita ir auténticamente rápido. Y no habrá nada que se interponga en el camino. Una vez que hemos conseguido ir rápido, no nos conformamos con ir despacio. Las pantallas táctiles vencen invariablemente al papel.

Si nos preocupamos cada vez que nuestro hijo se niega a respetar la ética tradicional del aprendizaje paso a paso, es porque hemos entrado en el nuevo «mundo feliz» y no nos hemos dado cuenta.[*] Esto no significa que seamos malos padres. Lo que ocurre sencillamente es que la educación no se ha puesto al día con los asombrosos y velocísimos circuitos que centellean ahora en los cerebros de nuestros hijos.

---

[*] N. de la T.: Referencia al clásico de ciencia ficción de Aldous Huxley *Un mundo feliz*, publicado en 1932.

Admitámoslo. Las señales ya evidentes del mundo que se avecina apuntan a que la capacidad para hacer pesadas tareas repetitivas durante largos periodos de tiempo está perdiendo su valor de mercado. Sea malo o no utilizar esa capacidad —eso la evolución nos lo hará saber—, de momento la utilizamos. La paciencia y la planificación siempre tendrán su lugar en el logro de un objetivo, pero puede que a partir de ahora su papel sea menor. Es probable que quienes tengan ese estilo de pensamiento lento y minucioso sigan el camino de la ingeniería o las matemáticas, que por supuesto son necesarias para que la humanidad siga avanzando, pero quizá no sea algo tan frecuente.

La aptitud más valiosa y necesaria para sobrevivir en el mundo que se avecina podría ser la capacidad de efectuar un cambio mental instantáneo y poder llegar rápidamente a acuerdos que satisfagan a todas las partes implicadas. Como somos tantos en el mundo en estos momentos y hay tantas empresas, quienes tengan una mentalidad rígida, que no les permita negociar o detectar de inmediato una oportunidad, desaparecerán del mapa como los dinosaurios en que se han convertido. Enseñar a nuestros hijos a ser siempre dóciles quizá les habría servido de algo en un mundo en el que las grandes empresas ofrecían estabilidad y seguridad. Ahora es una fórmula para la obsolescencia. Daría lo mismo que les pusiéramos una fusta en la mano cuando los lanzamos al mundo a que se abran camino.

Si tenemos la sensación de estar constantemente discutiendo o negociando con nuestros hijos, tal vez sea porque eso es exactamente a lo que nos empuja la evolución. Puede que en el futuro necesiten esas habilidades mucho más que una obediencia incondicional. Cada vez que veas a tus hijos absortos en los videojuegos reaccionando instantáneamente a un ataque sorpresa tras otro, piensa que quizá se están preparando para un mundo global de cambios instantáneos a los que deberán responder a velocidad electrónica.

En otras palabras, lo que llamamos trastorno por déficit de atención (TDA) podría ser el destino hacia el que llevamos avanzando desde siempre. Saber establecer contactos sociales rápidos y superficiales (en Facebook y Twitter, por ejemplo) y disfrutar de esa breve conexión podría ser, quizá, la mejor manera de prosperar en este entorno global. Hoy en día resulta obvio que aquellos comerciantes y exploradores de antaño estaban entre los seres más aptos para la supervivencia, dedicados a trabajar desde la periferia en la evolución social para gran beneficio de todos.

Queda por ver si esta continuará siendo la dirección que siga nuestra evolución, pero, a no ser que se produzca una catástrofe tecnológica de algún tipo, ¿crees que esto tiene aspecto de ralentizarse o te parece que los niños van a volverse más dóciles y respetuosos con la autoridad? En la prehistoria, los cerebros que en su evolución respondieron con vivo interés a la novedad y la velocidad hicieron que nuestra especie fuera la más apta para la supervivencia. Funcionó tan bien que, al final, los humanos fuimos capaces de crear nuestros propios entornos, no simplemente de adaptarnos a lo que ya había.

El estilo de vida que le gusta al joven cerebro humano es rápido, estimulante y sin fronteras. Nuestros hijos han olido en el aire el aroma del cambio y están respondiendo como siempre ha hecho cada nueva generación: floreciendo con entusiasmo en el nuevo entorno. Tal vez se estén adaptando a su entorno tan rápido que no podemos seguirles el ritmo. Pero ¿no es eso lo que los padres deberían querer para sus hijos? En lo que respecta a la evolución, la principal responsabilidad de un niño no es complacer a los abuelos, sino estar preparado para el futuro.

51 Graduación para padres

Quizá creas que son ellos los que te preocupan y,
en realidad, tu preocupación sea por ti.

Cuando tus hijos terminan el instituto, quizá parece que son solo ellos los que se gradúan, pero no son los únicos que abandonarán el nido esa primavera. Es también la graduación de sus padres, estén preparados o no, sobre todo si sus hijos se van a ir a estudiar o a trabajar a una ciudad distinta. Las graduaciones son el final de una etapa de la vida, a cualquier edad, y es un arte hacerlas bien.

Los hijos cuestan tiempo, dinero y energía, pero nos dan una misión importantísima en la vida. Un estudio reveló que, a juzgar por las respuestas de los participantes, las parejas sin hijos tenían una vida más satisfactoria, mientras que las personas con hijos le encontraban más sentido a su vida. En lugar del placer inmediato de hacer lo que quieres, da sentido a tu vida contribuir al futuro bienestar de tus hijos.

Tener hijos a nuestro cargo simplifica mucho las cosas. Las decisiones se toman teniendo en cuenta cómo les pueden afectar a ellos. Esto de por sí limita las opciones ante cualquier situación, y la atención constante que reclaman de nosotros las reduce más todavía. Curiosamente, estas restricciones a nuestra libertad nos dan un extraño tipo de seguridad; es como tener un mapa con las rutas claramente marcadas en lugar de encontrarnos ante un vasto territorio inexplorado. Hay unas cuantas cosas que nuestros hijos necesitan ineludiblemente, y a menudo le arrebatan el primer puesto a cualquier preferencia nuestra. Al cabo de un tiempo, nos acostumbramos a seguir la ruta que marcan sus necesidades.

Luego un día se hacen mayores y se van, y se llevan el mapa con ellos.

Es en cierto modo como si te liberaran de un trabajo que pensabas que ibas a tener que hacer el resto de tu vida. Cómo lo vivas tú dependerá de lo identificada que estuvieras con tu papel de madre. Puede ser un alivio, como para la mujer que lucía en la parte posterior de su descapotable una gran pegatina que decía «¡AL FIN SIN NIÑOS!». Pero también podría ser que sintieras «¡Hola, libertad! Adiós, sentido».

A medida que los hijos van madurando, lo normal es que te necesiten cada vez menos. Solo eres responsable del principio de sus vidas, no de su vida entera. Cuando la adolescencia está llegando a su fin, empieza figuradamente tu curso de graduación y pasas poco a poco de madre a espectadora. Ya no eres su red de seguridad; ahora te corresponde ser su animadora desde las gradas. Aunque tal vez los hijos sigan necesitando ayuda económica o consejos y sugerencias puntuales, llega un momento en que el papel de los padres tiene que ser cruzarse de brazos y dejar que las cosas sean.

La pregunta fundamental es: ¿confías en ellos? ¿Confías en que hay en su interior una incipiente madurez que les dará fortaleza y claridad, aunque en ese momento nada lo demuestre? ¿Confías en que irán aprendiendo de sus errores y se darán cuenta de que toda acción tiene consecuencias? ¿Confías en que, con sus errores y sus aciertos, alcanzarán el grado de madurez que les permita desenvolverse y expresarse en el mundo?

Muchos padres y madres responden a estas preguntas con un «sí, pero...». Tenemos la esperanza de que nuestros hijos sean capaces de sobrevivir en el mundo, pero quizá hasta este momento su conducta no inspire demasiada confianza. Educar a un hijo hasta que se gradúa es como haber participado en el proceso de hacer salchichas y pretender luego no pensar en su origen cuando te las encuentras en el plato del desayuno. Sencillamente, no parece posible que la suma de todos esos años de infantilismo dé como resultado un adulto capaz.

Sin embargo, esa es la tarea número uno del padre y la madre que se gradúan. Es necesario que suspendan como sea su incredulidad para que su hijo o su hija pueda crear su propia historia de adulto. Cuando tus responsabilidades legales sobre tus hijos terminan, empiezas a preocuparte por cómo se las arreglarán para ser legalmente responsables de sí mismos. Si tomas como referencia el estado en que tienen sus habitaciones, temerás que se produzca un caos total. Tienes que encontrar la manera de confiar en que todo lo que sea necesario ocurrirá, y serán capaces de organizarse y levantarse a la hora aunque tú te retires de escena. Tienes que confiar en que habrá cosas que querrán como adultos que los motivarán a madurar. Puede que no estés convencida de que será así, pero lo tienes que intentar. Imaginar que tus hijos serán un día personas maduras les da fe en sí mismos. Puedes creer en ellos antes de que den muestras de merecerlo.

Ahora profundicemos un poco más. Quizá creas que son ellos los que te preocupan y, en realidad, tu preocupación sea por ti.

Tal vez te da terror imaginar qué harás cuando ya no tengas la misión de velar por su seguridad y su bienestar. ¿Quién serás tú, sin esa preocupación? ¿Qué partes inexploradas de ti y de tu vida podrían salir a la luz? ¿Estás nerviosa por un vacío al que no quieres enfrentarte?

Afrontar el vacío es una parte importante de cualquier transición de la vida, tal y como explica William Bridges en su excelente libro *Transitions* [Transiciones]. Cuando el camino que hemos transitado hasta ahora llega a su fin y no podemos dar marcha atrás (una definición estupenda del momento de la graduación, por cierto), vivimos un periodo de gran incertidumbre, al no saber qué viene después. Podríamos descubrir que añoramos la seguridad que nos daba lo que hacíamos antes. Sin embargo, por el bien de tus hijos, debes seguir mirando hacia delante, hacia tu propio vacío, confiando en que, al igual que tus hijos encontrarán su camino de adultos, tú encontrarás tu camino posparental. Hasta que aceptes tu propia graduación y asumas el papel de espectadora, tus hijos te seguirán pareciendo unos niños cuando en realidad son ya adultos en ciernes.

Hallar en tu vida un nuevo camino y celebrar la transición a tu nuevo rol de observadora es uno de los mejores regalos de graduación que les puedes hacer a tus hijos. No necesitan un coche nuevo tanto como necesitan que tengas la motivación para seguir tu vida sin ellos. Como joven adulto, saber que tus padres te han traspasado con toda confianza la responsabilidad de tu vida es una experiencia increíblemente liberadora. Esto no significa que nunca más ayudes a tus hijos, ni siquiera que milagrosamente dejes de preocuparte por ellos. Significa solo que su vida ya no es tu vida y, en lo más profundo de ti, lo aceptas. Como el instructor de un gimnasio, puede que aún tengas que intervenir para tratar de evitar un daño serio, pero luego das un paso atrás y haces todo lo posible por volver a tu papel de observadora.

El mensaje que tus hijos reciban debe ser: «Lo conseguirás; sigue intentándolo». Es el mismo mensaje que necesitas darte a ti misma cada vez que la vida posparental te resulte un poco insulsa y no sepas qué hacer ahora. Es un sentimiento normal en el padre y la madre que acaban de graduarse. Lo mismo que tus hijos, necesitas tiempo para averiguarlo.

TERCERA PARTE

Afrontar los retos

Acepta la vida como es

A coges con gusto los retos que tú te pones, pero los que te pillen por sorpresa serán los que más te fortalecerán. Muchas veces, lo único que hace falta para superar la adversidad es un pequeño ajuste de perspectiva, un ligero retoque de actitud. Entonces descubres que tu felicidad, lo mismo que tu éxito, está muy a menudo en tus manos.

52 Un mundo salvaje

Honra esos momentos en los que te quedas sin mapa
y te conviertes automáticamente en explorador.

Cuando la vida avanza según lo previsto, hay un orden en lo cotidiano, entendemos el juego y estamos bastante seguros de que sabremos mantener todo eso que nos da una sensación confortable. Cuando sabemos qué hacer en cada momento y qué ocurrirá a continuación, es fácil que nos sintamos seguros de nosotros mismos. Y cuando nos sentimos seguros, basta un saltito para que nos sintamos virtuosos. Porque, a ver, ¡será que estamos haciendo lo correcto, si nos llueven regalitos sin parar!

Me conmueven las personas que llegan a mi consulta con la confianza por los suelos, avergonzadas de sí mismas, después de que un inesperado giro de los acontecimientos las haya dejado petrificadas. Llevan grabada en la cara una expresión de perplejidad que parece decir: «Creía que lo estaba haciendo todo bien»; una expresión de sorpresa existencial que parece preguntar: «¿Cómo ha podido pasarme esto a mí?». Normalmente vienen tras haber agotado todas las posibilidades de encontrar ellas solas alguna respuesta al cambio brusco que ha dado su vida. Se empeñan en descubrir la causa, como si tener a quién culpar o responsabilizar de lo ocurrido fuera a ponerlo todo de nuevo en su sitio. Las ha dejado desconcertadas que las cosas hayan tomado un rumbo insospechado.

En los países prósperos, es fácil creer que tenemos control sobre el mundo en el que vivimos y que en buena medida podemos predecir cómo serán las cosas. Si somos trabajadores tenaces, conseguiremos nuestros objetivos. Si somos buenos padres, nuestros hijos crecerán sanos y alegres. Si cumplimos las normas, la vida ronroneará alrededor de nuestros tobillos y nos dará una felicidad domesticada. Parece tan sencillo e infalible que no es de extrañar que nos sintamos culpables si nuestras expectativas se desbaratan. Pero cuando lo hacemos, estamos olvidando un hecho muy simple: que seguimos viviendo en un mundo salvaje.

Que vivamos bajo techo no significa que *la vida* esté domesticada. En un pasado lejano, lo salvaje se manifestaba en forma de bosques tenebrosos y criaturas con dientes. Hoy quizá no necesites vivir pendiente de esos peligros, pero eso no significa que mandas tú.

Los primeros exploradores y colonos comprendieron que era así y se abrieron camino a pesar de los contratiempos y los errores de juicio, experimentando y aprendiendo a medida que se adentraban en cada nuevo territorio. A menudo no sabían qué esperar, pero sabían que la imprevisibilidad formaba parte del desafío. Es poco probable que dedicaran demasiado tiempo a criticarse, ya que debían estar exultantes por el solo hecho de sobrevivir en circunstancias tan difíciles.

En tu vida, honra esos momentos en los que te quedas sin mapa y te conviertes automáticamente en explorador. Es entonces cuando recuerdas que la vida sigue siendo una aventura salvaje, ajena a tus planes y tus costumbres. Continuamente ocurren cosas inesperadas, como ha ocurrido desde el principio de los tiempos. Para muchas de ellas podemos estar preparados, pero para otras no.

Lo que quiero decir es que no siempre eres responsable de las cosas que suceden; algunas forman parte de lo que es estar vivo en un mundo salvaje. No eres ni un irresponsable ni un incompetente cuando no tienes ni idea de qué hacer en una situación o algo te pilla por sorpresa. No todo lo que te ocurre podía haberse previsto o evitado, y la vida es demasiado compleja y espontánea como para quedarse tranquila en tu regazo demasiado tiempo seguido.

Cuando la vida te supera y sientes que no tienes ningún control sobre lo que está pasando, recuerda que todos los exploradores y colonos estuvieron muchas veces igual de asustados que tú. Tal vez te encuentres inesperadamente en algunos lugares sin tener contigo mapa ni brújula y tengas que dejarte guiar solo por el instinto. En esos momentos, puedes apelar a tus orígenes de superviviente salvaje y aceptar lo imprevisible y accidental mientras sigues avanzando en busca de un lugar mejor. A veces cometerás errores o no intuirás siquiera lo que se avecina, pero eso es simplemente porque eres parte de este mundo, no el amo de este mundo.

Los exploradores y colonos más aguerridos en el arte de la supervivencia sabían que podían planificar algunas cosas, pero no todas. Pensar en ellos nos debería recordar que el mundo es lo bastante salvaje como para frenarnos de golpe cuando menos lo esperamos. Es un alivio darnos cuenta de que la vida salvaje y sus peligros nos afectan a todos.

La resiliencia y la seguridad en ti mismo no son el resultado de que organices tu vida para que no ocurra lo inesperado. Esas capacidades nacen de aceptarte a ti mismo y aceptar a los demás como compañeros de exploración en territorio desconocido. Cuando adoptas la actitud del superviviente, aprecias y respetas lo imprevisible y lo salvaje que a veces se cuelan en la vida de todos. Reconoces la cualidad salvaje de este mundo y no te sientes una víctima cuando se te revela. Recuerda que, por muy salvaje que sea el mundo, tus antepasados también lo fueron, y es bueno saber que tú todavía tienes lo que hay que tener.

53 El reino de lo necesario

Cuando la vida exige una respuesta activa, no te pregunta cuál te resulta más cómoda.

Winston Churchill dijo en una ocasión: «A veces no basta con decir que estamos haciendo todo lo posible. A veces hay que hacer lo necesario». Era un hombre que sabía un par de cosas sobre cómo sobrevivir a la adversidad en condiciones extraordinarias. Cuando luchas por la supervivencia o es mucho lo que está en juego, importa poco lo que creas que eres capaz de hacer o lo bien que creas que puedes hacerlo. Lo único que importa es hacer lo que el momento exige.

Cada uno tenemos una idea de cuánto podemos hacer y hasta dónde podemos aguantar. La mayoría nos creemos capaces de esforzarnos solo hasta un punto, y pensamos que si nos aplicamos a algo con seriedad y perseverancia, habremos hecho todo cuanto podíamos hacer.

Tal vez sería más acertado decir que hemos hecho todo cuanto *creíamos* que podíamos hacer, o cuanto nos resultaba *cómodo* hacer, o cuanto razonablemente podía *esperarse* de nosotros. Pero lo más probable es que no hayamos hecho todo cuanto *podemos* hacer.

En las situaciones de verdad difíciles de la vida, no puedes agarrarte a la idea de lo que te consideras capaz de hacer y lo que no. Para cuando quieres darte cuenta, estás con el agua al cuello, y todo ocurre tan deprisa que ya no tienes tiempo de pararte a deliberar sobre qué es un esfuerzo razonable y si sería o no suficiente para sobrevivir. Te pones manos a la obra. Atrás queda la bella tierra del esfuerzo sincero, porque la vida acaba de catapultarte al pedregoso y crudo reino de lo necesario.

Los seres humanos —que llevamos mucho tiempo en este planeta y lo hemos aprovechado bien— tenemos incorporada en nuestro motor una marcha superdirecta que se activa cuando nuestra vida o la de un ser querido corren grave peligro. La mayoría ni siquiera sabemos que exista en nosotros este mecanismo de supervivencia. Pensamos que tenemos un pequeño motor de cuatro cilindros con las prestaciones justas para ir hasta el supermercado. Pero la historia de la humanidad contradice esto. La historia dice que la humanidad es el más formidable, el más potente vehículo de tracción a las cuatro ruedas que se pueda imaginar. Cuando la vida se pone difícil, el ser humano reduce la marcha y recibe la potencia necesaria para ejercer tracción.

Quizá no te parezca que tienes una fortaleza mental o una fuerza física excepcionales, ya que no necesitas esa clase de potencia en la vida ordinaria. Pero cuando las cosas se ponen feas o un ser querido está en peligro, de repente tienes mucho en común con Churchill. Respiras hondo, te serenas y, en lugar de preocuparte por si será suficiente con dar lo mejor de ti, empiezas a hacer de inmediato lo que sea necesario.

Pero no siempre estamos dispuestos a tanto. A veces te resistes a hacer el esfuerzo supremo que requiere la situación. Tal vez no quieras renunciar al cómodo papel secundario que hasta ahora te ha evitado tener que darte cuenta de lo que eres capaz en una situación extrema. Quizá prefieras que las figuras de autoridad decidan qué medidas tomar y que ellas se ocupen de resolver la crisis. Pero qué sorpresa tan formidable cuando descubres que el más indicado para resolverla eres *tú*.

En realidad, a nadie le gusta hacer más de lo que considera justo que se le exija. Nos resistimos instintivamente a cualquier cosa que percibamos como una carga abusiva o a asumir toda la responsabilidad en la solución de un problema. La mayoría tenemos que superar este bache de resentimiento antes de poder funcionar con eficacia en el plano de lo necesario. Sin embargo, una vez que el resentimiento se acalla, vemos que es tan sencillo como hacer lo que haga falta en ese momento.

A veces, ese esfuerzo supremo se traduce en algo tan espectacular como levantar un coche para sacar a la persona que está debajo. Pero hay otras clases de fortaleza que son más necesarias en el día a día, como tener paciencia o mordernos la lengua. También las frustraciones y las privaciones son proezas de resistencia que a menudo superan con mucho lo que imaginábamos que seríamos capaces de tolerar. Pero la recompensa para quien acaba superando con éxito estas situaciones es un enorme crecimiento psicológico y un profundo respeto hacia sí mismo.

Cuando te encuentras ante un reto inesperado, puede que sientas resentimiento y ansiedad por verte obligado a desempeñar funciones que no te corresponden. Sin embargo, puede ser muy estimulante darte cuenta de que eres precisamente *tú* quien tiene lo que hace falta tener en ese momento, ya sean las ideas más sensatas o la resistencia emocional necesaria para hacer lo que haya que hacer. Una vez que lo haces, te sientes más fuerte. Te das cuenta de lo poco que habían pedido de ti tus funciones anteriores.

Tal vez te guste funcionar en un nivel en el que hacer las cosas lo mejor posible es más que suficiente. Pero a veces te encuentras de repente en el reino de lo necesario. Cuando la vida exige una respuesta activa, no te pregunta cuál te resulta más cómoda. Te exige que hagas nada menos que el esfuerzo supremo que requiere la situación. Sir Winston te diría que el ser humano está hecho justamente para eso. Recordarás la fuerza que tienes en cuanto las circunstancias te obliguen a utilizarla.

54 Cultiva tu mente de mula

Si el trabajo supera lo que la mula buenamente
puede hacer, no lo hará.

Mi padre era empresario, pero además criaba ganado vacuno en la granja familiar. Su sabiduría de la vida provenía de aquellas raíces rurales, y le gustaba transmitírnosla a sus hijas. Una día me explicó la diferencia que había entre los caballos y las mulas. Me contó que, cuando él era pequeño, un granjero inteligente no compraba un caballo para arar sus campos. Si podía, compraba una buena mula.

La ventaja que tiene la mula sobre el caballo es que, cuando se cansa, no da un paso más, mientras que el caballo sigue trabajando hasta la muerte. Un granjero inteligente sabía que, a cambio del inconveniente momentáneo de que una mula testaruda se negara a seguir trabajando, lo que había invertido en ella estaba automáticamente protegido. Ninguna mula trabajará hasta morir.

La mula no es un animal particularmente atractivo. Es grande como un caballo pero sin su elegancia y se parece a un burro pero sin esa cualidad tierna. Lo que sí tiene la mula es un respeto a ultranza por sus límites físicos. A pesar de su fuerza y su resistencia, se niega a hacer más de lo que considera prudente. Le da igual que te enfades o lo que pienses de ella. Si le pides más de lo que la mula buenamente puede hacer, no lo hará.

El caballo, en cambio, como el animal noble que es, obedece a lo que quiera su dueño. Si la tarea ese día consiste en trabajar horas y horas sin descanso, lo hará. Los caballos trabajan o corren hasta caer rendidos porque lo pueden hacer. El caballo no hará caso de su agotamiento porque es la única forma de poder seguir a la manada (o el ritmo que le impone el dueño). Cuando un caballo se da cuenta de que se ha pasado de la raya, puede ser demasiado tarde.

Quizá esta característica de los caballos sea una de las razones por las que, al acercarse a la pubertad, las niñas se enamoran de estos hermosos animales de gran corazón. Probablemente, intuyen algo que quizá tendrán en común con los caballos sensibles cuando se hagan mujeres adultas: la gracia y el poder puestos al servicio de los demás sin escatimar un ápice. Tal vez perciban algo de ellas reflejado en ese ser que renuncia a su libertad salvaje para pertenecer a otros y estar a su disposición.

No se oye hablar de niñas que se enamoren de las mulas, pero tal vez deberíamos fomentarlo. En lugar de animarlas a poner la atención en las crines y las colas fluidas, podríamos enseñarles a utilizar sus mejores cualidades en beneficio propio. Liberadas de la distracción que habría supuesto para ellas vivir pendientes de su belleza —como en el caso del caballo—, las mulas han aprendido a prestar atención a su interior. Las mujeres también podemos hacerlo.

Románticas y soñadoras o desafiantes y guerreras, las niñas tienen un mundo propio rico y surtido antes de que se les enseñe a ser abnegadas. Hasta entonces son como las mulas: no les apetece lo más mínimo trabajar horas y horas en cosas que no les reportan nada y buscan en todo momento formas de divertirse. Pero cuando las presiones culturales empiezan a hacerles definir su valía en función de los grupos sociales y el romance, las chicas pierden ese carácter resuelto. Empiezan a pensar que se van a quedar atrás en la gran carrera imaginaria si no consiguen que la gente las quiera. La aceptación social puede empezar a importarles tanto, lo mismo a las chicas que a los chicos, que dejan de hacer caso a lo que realmente sienten.

Tanto las chicas como los chicos pueden acabar convertidos en adultos que han renunciado a demasiadas cosas. Aprenden a sentirse orgullosos de sus sacrificios, a ser buenos cónyuges y padres abnegados. Trabajan sin descanso, consagrados al servicio de los demás, hasta que se les rompe el gran corazón bondadoso porque se han olvidado totalmente de sí mismos. Como el caballo agotado a causa de su lealtad, pierden la chispa y la salud y ni siquiera entienden por qué se sienten tan mal. Las costumbres culturales nos han engañado, especialmente a las mujeres, haciéndonos creer que, si nos sacrificamos por entero a los demás, seremos más felices y nos sentiremos más realizadas. Algunos hombres también lo creen. Es como decirle al caballo que cuantas más horas corra y más deprisa, más pletórico estará.

El agotamiento y la desgana son la forma que tiene la naturaleza de decirte que has dado demasiado de ti. A menudo, la enfermedad es la única manera en que, sin sentirnos culpables, podemos excusarnos de no seguir corriendo hasta morir. Si enfermas física o mentalmente, por fin tienes permiso para hacer caso a esa vocecita que lleva años diciéndote que pares de una vez. Por desgracia, vivimos esperando que las personas que nos quieren se den cuenta y nos pongan freno antes de que sea demasiado tarde. Nos preguntamos por qué nadie ve que estamos a punto de desfallecer. ¿Es que nadie presta atención a lo que nos está costando esta carrera?

No. Nueve de cada diez veces, nadie presta atención a lo que la carrera te está costando a ti. Solo tú puedes hacerlo. Y esa inspección interna es justo lo que el caballo no hace. A veces hay que impedirle por la fuerza que corra hasta reventar; hace cabriolas y tira hacia delante con ímpetu pidiendo más, cuando debería haber abandonado hace horas. Sigue mostrándose entusiasmado y fuerte incluso aunque esté a punto de agotar hasta el último átomo de sus reservas. Pensemos, por ejemplo, en el ideal social de la buena mujer: es la mujer que incesantemente da y da, no la que incesantemente vive y vive. O pensemos en la fantasía del buen hombre, que debe ocuparse de mantener a todos casi hasta el colapso.

Me gusta más la actitud de la mula. La mula se para y ya está. Puede que luego esté dispuesta a trabajar un rato más, pero en este momento le importa un bledo qué aspecto tenga el campo. Su sabiduría animal le advierte que, si quiere tener una larga vida, mejor que preste atención a lo que le dicen los músculos.

Cualquiera que haya crecido con un padre o una madre EI tiene que aprender a hacer lo mismo que la mula. A las mujeres puede resultarles todavía más difícil, ya que gastan gran parte de su energía en hacer un trabajo *emocional* que no es visible ni medible. Nadie más que tú puede saber lo que te cuestan emocionalmente las cosas. No es como tener un dolor muscular o una tendinitis; solo te sientes emocionalmente agotada, sin una gota de energía, exhausta o como si te hubieran dado una paliza. Cuando los demás se dan cuenta, es porque ha empezado ya a manifestarse en forma de depresión, ansiedad o toda una serie de enfermedades psicosomáticas. Pero para cuando aparecen esos síntomas, es tarde; estás al final del último cuarto de la carrera, de una carrera que no acaba nunca porque alguien ha ido desplazando, cada vez un poco más lejos, la línea de meta.

Tienes que aprender a notar el cansancio emocional antes de llegar al ecuador de la carrera. La cultura te hará correr hasta la muerte si se lo permites, así que tienes que aprender a decir no. Si tienes una noble naturaleza de caballo, debes cultivar deliberadamente la rebeldía de la mula.

Para tener una sana mente de mula, no dejes de preguntarte: «¿Es demasiado? ¿Me estoy cansando? ¿Qué es lo que me cansa tanto y cómo puedo hacerlo con menos frecuencia?». Créeme, no necesitas preocuparte por la posibilidad de convertirte en un vago, porque ni tu familia ni tu cultura dejarán nunca de tirar de las riendas. Eres tú quien debe parar en seco, sentarse en mitad del campo y negarse a dar un paso más. Recuerda esto: ningún agricultor es más fuerte que una mula que ha dicho basta. Tener que ceder de vez en cuando no matará al granjero, pero tener que ceder todo el tiempo puede matar a la mula.

Estate atento a tus señales internas de fatiga o debilidad y tómatelas en serio. Las nueve décimas partes de la vida son un campo que puede esperar, no una carrera en la que tienes que ser el triunfador.

55 Cuándo retirarte

Respira hondo y desconecta mentalmente
de la intoxicación de adrenalina.

¿Alguna vez has pensado que ojalá tuvieras en el hombro un ange-
lito que te advirtiera de que te retiraras, antes de hacer algo que
solo va a empeorar la situación? Cuando nos enfadamos o dejamos
que el resentimiento vaya creciéndonos dentro por momentos, la
manera en que hablamos y actuamos hace que los demás se con-
tagien muy pronto de nuestra negatividad. Aunque luego, por supuesto, probablemente nos arrepintamos de lo que hemos dicho
o de cómo lo hemos dicho, en ese instante somos como *lemmings*
saltando por el precipicio;* todo en nosotros se precipita hacia el
desastre.

«Pero —pensarás quizá— no podemos quedarnos de brazos
cruzados y reprimir lo que sentimos en ese momento. ¿Quieres
decir que deberíamos poner la otra mejilla cuando es obvio que esa
persona está equivocada?».

Bien, pensemos en qué es lo que quieres realmente. ¿Quieres que haya más conflicto o menos? ¿Quieres alcanzar tus metas
o prefieres invertir la energía en pelearte con la gente? Tienes una
cantidad limitada de energía, y la fuerza creativa que inviertas en fo-
mentar las peleas y el resentimiento es energía que podrías dedicar

---

* N. de la T.: Existe el mito de que estos roedores se suicidan en masa arrojándose al mar,
como parte de un mecanismo de autorregulación de la naturaleza, y el documental de
Disney *White Wilderness* (conocido en español como *Infierno blanco*) ha contribuido
a mantenerlo. Actualmente, sin embargo, la comunidad científica lo rechaza y propone
que ese comportamiento podría responder a que el instinto biológico de estos animales los induce a desplazarse durante la sobrepoblación invariablemente en la dirección
concreta que su sentido de la orientación genético les marca, sin tener en cuenta los
cambios topográficos y climáticos que se puedan producir en su ecosistema.

a conseguir lo que te importa. ¿Prefieres hacer realidad tus sueños o dedicarte a dar lecciones?

Vamos a suponer que, de hoy en adelante, decides renunciar al deseo de venganza para poder conseguir las cosas que de verdad te importan. ¿Cómo sabrás si en una situación te estás desviando hacia el camino del conflicto? ¿Cómo sabrás si estás empezando a *alejarte* de la decisión de encontrar una solución pacífica?

A falta de ángeles que nos hablen desde encima de nuestro hombro, tenemos que prestar atención a las glándulas suprarrenales. Estas glándulas, que están situadas en la zona media del torso, segregan la adrenalina que activa la famosa respuesta de lucha o huida. Cuando las glándulas suprarrenales segregan esta hormona transformadora (piensa en el Increíble Hulk), esto nos produce una sensación física muy clara. El organismo entero se tensa y una intensa sensación de miedo y rabia nos recorre el abdomen. Reaccionamos como si estuviéramos frente a un oso, cuando lo que posiblemente esté ocurriendo es que un amigo nos ha decepcionado o nuestra pareja ha dicho algo con poco tacto en un momento de agotamiento.

A las glándulas suprarrenales les traen sin cuidado los matices de cualquier realidad moderna; lo único que perciben es un oso. Lo único que les importa es asegurarse de que ganas tú y de darte tanta fuerza como sea necesaria para que ese oso muera veinte veces seguidas. Ellas solo saben que, si te encuentras en una situación de peligro, lo que tienes que hacer es luchar hasta que tu supervivencia esté completamente asegurada, cueste lo que cueste.

El problema es que las glándulas suprarrenales reaccionan a ciegas. Hay una cosa que hacen muy bien, que es luchar, pero nunca piensan en el futuro ni en sus consecuencias. No pueden pensar porque son pequeñas masas de tejido secretoras de hormonas y viven totalmente a oscuras.

Si es que de verdad hay un oso, debo admitir que intercambiaría el cerebro por las glándulas suprarrenales al instante. Sin embargo, aproximadamente el 99,9 % de las cosas que surgen a diario en la relación con los demás se resuelven mejor con el cerebro que con estas glándulas. Así que el mejor momento para retirarte de una situación, en sentido figurado, es en cuanto sientes en el abdomen esa inconfundible descarga de adrenalina. Cuando te encuentras en ese estado, no hay posibilidad de que se resuelva ninguna diferencia interpersonal y hay muchas probabilidades de que estés a punto de empeorar las cosas.

Por desgracia, el propósito de la adrenalina es precisamente hacer que nos sintamos poderosos y seguros de nosotros mismos ante lo que sea. Una vez que empieza a hacer efecto en el cerebro, la adrenalina te convence de que sabe qué hacer para resolver el problema de una vez por todas. No solo te sientes poderoso, sino *seguro* de que sabes lo que tienes que hacer. Para bien o para mal, la adrenalina despeja todas las dudas. Esa sensación de certeza hace que no te pienses dos veces lo que vas a hacer a continuación.

Pero si se trata de un problema de pareja, pensártelo dos veces es una estrategia más aconsejable. Tu objetivo no es acabar con la otra persona, no es asegurarte de que jamás volverá a ser para ti una amenaza, sino llegar a un acuerdo en ese momento, para que os podáis seguir hablando a la hora de la cena. Porque lo habitual es que la otra persona reaccione a esa demostración de fuerza oponiendo resistencia o enfureciéndose ella también, y lo que hay entonces son *dos* pares de glándulas suprarrenales revolcándose en un charco de hormonas de la agresividad.

Como regla general, prueba lo siguiente: si no estás ante un oso, no hagas caso de ese apremiante impulso de atacar. Si el problema tiene que ver con una persona querida y no con un enorme depredador peludo, lo mejor es que esa sensación adrenalínica visceral te sirva de señal para detener la agresión y dar un paso atrás. Dile a esa persona que necesitas unos momentos para pensar y vete a pensar. Pregúntate cómo quieres que acabe todo eso. Si prefieres una solución en lugar de resentimientos, comprueba primero tu nivel de adrenalina. Si ves que las glándulas suprarrenales siguen disparadas, resiste el impulso de lanzarte a hablar sin saber lo que dices y vuelve a centrar tus pensamientos en el deseo de que esa situación se resuelva felizmente.

Con la práctica, serás capaz de respirar hondo y separarte mentalmente de la intoxicación de adrenalina. Acuérdate de pararte y pensar en lo que de verdad quieres tú (una solución pacífica), no en lo que quieren tus glándulas suprarrenales (guerra). El momento de dar un paso atrás es en cuanto las glándulas suprarrenales entran en acción.

56 Valora a tus guardianes del umbral

*En cuanto te propones hacer algo que de verdad vale
la pena, aparece un guardián del umbral.*

Todas las aventuras siguen un mismo patrón narrativo, y los relatos
que más nos apasionan nacen de él. Si examinas tu película o tu
libro favoritos, lo verás con claridad, aunque no fueras consciente
de él cuando estabas concentrado simplemente en disfrutar. Ese
patrón se conoce como *el viaje del héroe*, y tal vez quien mejor lo ha
descrito ha sido Joseph Campbell en su obra ya clásica *El héroe de las
mil caras*. El héroe —el protagonista de la historia— se siente llamado a la búsqueda de algo que tiene para él un gran valor. Para Ulises en *La odisea*, era volver a casa después de la guerra; para Jasón,
el vellocino de oro; para ti, podría ser tu nuevo trabajo, vivir por
tu cuenta, asistir a esa clase que tanto te interesa o recuperarte de
una enfermedad. Incluso envejecer es un clásico viaje del héroe al
ir adentrándonos en territorio desconocido.

Pero hay un obstáculo. Antes de que los héroes se embarquen
en la aventura para hacer realidad sus sueños, se toparán con los
guardianes del umbral. El único propósito de un guardián del umbral
es poner a prueba tu temple, ver si estás preparado para tu viaje del
héroe. En cuanto des un paso hacia algo que de verdad valga la pena,
aparecerá un guardián del umbral en una forma u otra. No basta
con que estés dispuesto a afrontar el reto; además, deberás conven-
cer al guardián del umbral de que tienes lo que hay que tener.

Muchos se desaniman y pierden la determinación cuando ven
que cumplir su sueño cuesta mucho más de lo que imaginaban.
Se les ve en los ojos el desánimo, en ese primer instante en que se
dan cuenta de que el viaje no es tan fácil como parecía. Su cara lo

dice todo: ¡no tendría por qué ser tan difícil! Pero ¡un momento! Sí, sí tiene que ser tan difícil. ¡De eso se trata precisamente! Ningún guardián del umbral que se precie te va a dejar entrar en una nueva vida sin zarandearte antes un poco. Ulises tuvo que burlar a los cíclopes y vencer muchos otros peligros antes de poder volver a casa. Puede que tú tengas simplemente que batallar con las llamadas telefónicas que no te han devuelto, los comentarios hirientes y la escasez de fondos. Pero la lección del viaje del héroe es la misma para todos: si te rindes cuando aparecen los guardianes del umbral, nunca ganarás el premio.

No solo eso. La búsqueda del héroe nos enseña que el premio final no es el único propósito importante; una recompensa igual de importante es el fortalecimiento que se produce en cuanto hacemos frente a cada guardián del umbral. Cada vez que les plantas cara, te enfrentas a cosas de ti, no todas ellas agradables. Enfrentarte a un guardián del umbral te abre de par en par los ojos. Te das cuenta de repente de lo asustado y débil que te sientes en realidad, por todas esas expectativas pueriles que te hacen creerte una víctima. Tendrás la tentación de salirte del camino y volver atrás, a envidiar a aquellos que han conseguido lo que se habían propuesto.

Quizá te tranquilice saber que *todos* los seres humanos del mundo se encuentran con guardianes del umbral. Nadie está exento, independientemente de lo que parezca. Los guardianes del umbral se presentan de formas muy distintas. Pueden ser el coche que se avería de camino a la entrevista, pero también una mala relación o una baja autoestima. De una forma u otra, intentan convencerte de que no tienes lo que hay que tener, de que deberías desistir y volverte a casa. La charla crítica y desalentadora contigo mismo es un ejemplo perfecto de guardián del umbral, una voz que te cuenta por qué no estás hecho para cumplir tus sueños.

El gran secreto es que, en realidad, los guardianes del umbral están de tu parte. No te dejarán avanzar hasta asegurarse de que has desarrollado cierta valentía y determinación. Lo mismo que el sargento instructor o el profesor severo, los guardianes del umbral te someten a unas pruebas de supervivencia como ensayo, antes de que tengas que vértelas con el mundo real. Si te lo pusieran demasiado fácil, quizá se te caería el alma a los pies al primer contratiempo. Si no te obligaran a endurecerte, es posible que no fueras capaz de superar el desánimo en cualquier momento futuro.

Cada vez que te sientas desesperanzado o con ganas de rendirte, acabas de encontrarte con un guardián del umbral. Llámalo por su nombre. Hazle saber que entiendes lo que está intentando hacer. Luego, pídele que se haga a un lado y pon rumbo hacia la vida de plenitud que quieres. *Tiene* que ser así de difícil. Es la única manera de que los soñadores se conviertan en héroes.

57 Lecciones del fútbol

Hay alegría en todo esfuerzo que tenga un sentido profundo, incluso cuando la cosa se pone cruda.

Confieso que el fútbol americano me interesa exactamente en la misma medida que lo que esté en juego. Me parecen emocionantes las eliminatorias y la *Super Bowl* o un pase bomba o un ensayo inesperados. Pero ¿cómo es que los hinchas acérrimos se apasionan incluso con los partidos mediocres?

Le pregunté a un aficionado qué era lo que apasionaba tanto de esa fatigosa lucha por avanzar unos metros. Todo ese posicionamiento de atrás adelante y de delante atrás. Todo ese acercarse centímetro a centímetro hacia una línea inaprensible. Para mí era igual que mirar fijamente cómo se seca una mano de pintura. ¿Qué los mantenía a él y a los demás aficionados tan absortos durante meses? Dijo que era el proceso. Me explicó que, para él, observar el proceso era igual de fascinante e importante que el número de puntos que anotara su equipo. Ver a los jugadores ir ganando terreno muy poco a poco era contemplar el drama de unos valerosos individuos que luchaban por su derecho a ir adonde querían ir: la zona de anotación de sus oponentes. «Ah —pensé—, el futbol tiene una lección profunda que enseñarnos».

Es propio del ser humano obtener un vivo disfrute de actividades que conllevan largos procesos sin una recompensa inmediata. Hay numerosas actividades —la escritura, el arte, la educación de los hijos, el ejercicio físico, un negocio, por nombrar solo unas pocas— en las que importa muchísimo la fase inicial, cuando queda todavía muy lejos la recompensa final o el producto terminado. Es crucial seguir trabajando con determinación aunque el avance sea a ritmo de glaciar. Hay alegría en todo esfuerzo que tenga un sentido profundo, incluso cuando la cosa se pone cruda.

La actividad lenta y ruda del fútbol americano tiene un sentido profundo, porque el propósito de los jugadores es alcanzar una meta difícil, y para ello lo dan todo. Es un juego de tenacidad, estrategia, táctica y resistencia. La constante en el fútbol es volver a ponerse en pie. De estos futbolistas puedes aprender también a mostrarte seguro de ti mismo cuando no lo estás y a jamás rendirte antes de tiempo, por muchos indicios que haya de que las posibilidades de alcanzar tu meta son escasas. El ritual de posicionamiento para el último intento mientras el reloj está contando los segundos te enseña a mantener firme la intención incluso ante una posible derrota. La determinación te da claridad de propósito y ánimo para afrontar lo que venga, dentro o fuera de un estadio.

El fútbol te enseña lo que es seguir adelante con decisión a pesar de las embestidas de gente que quiere alcanzar su objetivo tanto como tú. Te dice que tus deseos son tan importantes como los de cualquiera y que, por tanto, merecen que luches por ellos. Como todos los deportes, el fútbol americano establece que tienes derecho a luchar por lo que quieres. Y lo que es más importante aún, te recuerda que no debes sentirte una víctima si pierdes terreno o si hay gente que te trata mal.

El fútbol te enseña que ganar no es fácil, porque son muchos los que quieren ganar ellos también. Tienes que estar decidido a defender cada centímetro de terreno que consigues avanzar, porque no siempre habrá alguien que intervenga para ayudarte. Y cada vez que sientas que estás fracasando, el fútbol te deja claro qué hacer a continuación: decide bien la siguiente jugada y vuelve a poner rumbo a tu meta.

Otra cosa que te enseña el fútbol americano es a desarrollar diferentes aspectos de ti. En la vida, a veces te toca hacer un papel estelar, eres como el mariscal de campo que lanza un pase de ochenta yardas en los últimos minutos de partido o el corredor que en plena zancada atrapa un balón con la cabeza vuelta hacia atrás. Pero también tienes que entrenar otras partes de ti para que sean como los fornidos defensas que detienen el ímpetu de los oponentes o de las circunstancias adversas. Como jugador en el juego de la vida, puede que te sientas avergonzado si se te cae un balón o fallas un pase, pero el juego continúa a pesar de todo. Nadie lo hace todo a la perfección todo el tiempo. Recuerda que, en el deporte, hacerlo bien *la mayor parte* del tiempo te asegura un rotundo triunfo.

Si quieres disfrutar más del fútbol en sentido literal, estate atento durante el partido a cada lección de la que puedas aprender sobre cómo comportarte cuando parece que la vida te ha puesto delante un obstáculo insalvable. Observa el posicionamiento, aburrido pero necesario; las estrategias que no dan resultado, y la determinación para seguir abriéndote camino a empujones si hace falta. Y por encima de todo, deja que los mejores jugadores te muestren cómo manejarte cuando las adversidades te ataquen desde todos los lados, da igual que el árbitro te lance pañuelos amarillos.* ¿Cuál es la lección principal?: cuando solo tienes cuatro oportunidades para recorrer diez yardas, aprovéchalas bien.

---

* N. de la T.: El colegiado lanza los pañuelos para señalar el lugar en el que se cometió una falta y, que a la postre, podría llevar una penalización.

58 El pago por las lecciones de la vida

*Te será un poco más fácil tolerar tus errores si entiendes
tus arrepentimientos como anticipos de sabiduría.*

Una amiga nos contaba hace poco a los que estábamos allí reunidos que acababa de librarse de un trato inmobiliario ruinoso renunciando al depósito y marchándose. Decía que, aunque probablemente hubiera debido sentirse fatal por el dinero que había perdido, en realidad era un alivio tan grande haberse librado por los pelos de la que habría sido una decisión lamentable que llevaba todo el día con la sonrisa en la boca. Alguien del grupo comentó: «Considéralo el pago por el aprendizaje». Aquel dinero era lo que nuestra amiga había pagado por una lección inestimable: sal de una mala decisión lo antes posible.

El significado último de este comentario era muy serio. ¿Qué pasaría si viéramos la vida de esta manera? ¿Y si, en lugar de tener la sensación de que hemos tirado el dinero, consideráramos que hemos pagado lo que vale esa experiencia? ¿Y si, más que no volver a tomar nunca una mala decisión, el propósito en la vida fuera aprender qué hacer con ella una vez tomada?

Por supuesto, el pago por las lecciones de la vida no es siempre en dinero; será en aquello que hayamos invertido, ya sea atención, tiempo o energía. Acostumbramos a pensar que un buen resultado es únicamente aquel que nos da un alto rendimiento por nuestras inversiones, pero la vida no es así de simple. Puede que unas cuantas decisiones desastrosas, y muy costosas, tomadas con precipitación al principio de la vida sean el pasaje a una prudencia más madura al cabo de los años. Solo hay una manera de saber lo que se siente al tomar una decisión impetuosa: lo pagas.

Aceptamos como algo natural que la educación cueste dinero. Hay pocos aprendizajes sustanciosos que sean gratuitos. Pregunta a cualquiera que tenga algún título o certificado de formación del tipo que sea. Lo mismo si quieres ir a un centro de artes y oficios, a un colegio privado o a una escuela técnica, pagas por ello. Si quieres ir a la universidad o a una escuela de posgrado, lo tienes que pagar. Nadie espera que le regalen ese tipo de conocimientos. Sin embargo, en lo que respecta a saber vivir con inteligencia en el mundo, se da por hecho que no hace falta aprender ni pagar nada porque tendríamos que saberlo ya todo desde antes de empezar. Y como tendríamos que saberlo todo, nos fustigamos sin piedad cada vez que cometemos un error. Pero te será un poco más fácil tolerar tus errores si entiendes el arrepentimiento como un pago anticipado por la sabiduría.

Por supuesto, lo mismo que cuando estamos en el instituto ir a clase no es garantía de que vayamos a obtener el título, cometer errores no significa necesariamente que estemos aprendiendo. Hay personas que pagan las tasas académicas de la vida despreocupadamente; año tras año cursan solo asignaturas optativas, las que se les dan bien, y ni siquiera se preguntan por qué será que tropiezan una y otra vez en su vida con los mismos problemas. Ante cada fracaso, se encogen de hombros en lugar de sentir una punzada de rabia. Su falta de curiosidad y su mínima conciencia de sí mismas es garantía de que tendrán veinte veces la experiencia de un año, en lugar de veinte años de experiencia.

El truco está en que te sientas lo suficientemente mal por un error como para no querer repetirlo, pero no tan mal como para creer que no sirves para nada. Cuando las cosas no salen como querías, conviene que te pares un momento y te preguntes qué has aprendido y cuánto has pagado por aprenderlo. Si eres capaz de aprender de las experiencias dolorosas, cada una de ellas te da la oportunidad de ser más competente en la vida.

En muchos casos, las experiencias de las que más te arrepientes, las que te causan un gran dolor o vergüenza, son a la vez las que te acercan a una nueva comprensión de ti y de los demás. Esta clase de entendimiento te golpea con una fuerza particular, que hace que la mente vuelva a enfocarse con claridad en lo que es auténticamente real y se disipe toda noción ilusoria y distorsionada. Por dolorosa que sea esa clase de comprensión, siempre vale lo que pagas por ella. Las tasas académicas en este caso son caras, pero también lo es el crecimiento radical que se produce cuando empiezas a percibir las cosas con precisión. Quienes acuden a psicoterapia pagan las tasas con la esperanza de tener justamente esta clase de revelación; quieren averiguar por qué cometen una y otra vez los mismos errores y encontrar una manera más eficaz de vivir.

Así que la próxima vez que tomes una decisión desastrosa, especialmente si te cuesta dinero, considérala un gasto educativo. Quizá te parezca que estás haciendo un doctorado en errores vergonzosos, pero no dejes que esa sensación te impida obtener tus créditos. Cada vez que algo no salga como esperabas, pon a prueba tu capacidad de aprendizaje y saca buena nota. Entonces la lección habrá sido una ganga.

Reduce el estrés

Puedes afrontar la vida de una manera que te cree menos tensión y te ayude a encontrar un ritmo más natural. Adoptar una actitud de comprensión y compasión hacia ti misma es una de las mejores formas de sentir menos estrés. En lugar de juzgarte y criticarte, verás que el estrés disminuye si eres más amable contigo.

59 La adicción al estrés

Piensas que eres una vaga y te sientes culpable si no estás haciendo algo constructivo a cada segundo.

Todos los adictos te dirán que la droga de la que dependen los hacía sentirse bien antes de que empezara a quitarles la vida. Esto es fácil de entender si se trata, por ejemplo, del alcohol o la cocaína, pero lo mismo ocurre con la adicción al estrés. El estrés suele considerarse un estado negativo, así que te preguntarás cómo puede parecerle a alguien una experiencia deseable, tan deseable como para engancharse a ella. Está claro que no todo el mundo se hace adicto al estrés, lo mismo que no a todo el mundo le cambia la vida el primer sorbo de alcohol. Pero hay personas a las que el subidón causado por las hormonas del estrés les produce un efecto gratamente embriagador.

El estrés nos estimula, nos da una atención sensorial acrecentada y rapidez cognitiva. Tener un sinfín de responsabilidades hace que nos sintamos importantes. La sensación de urgencia, que nos hace presionarnos para poder atenderlo todo, da cierto sentido a nuestra vida. Sentimos que dependen de nosotros asuntos de máxima importancia y, con una pizca de pretenciosidad, nos comportamos como si no hubiera nadie en el mundo capaz de resolverlos tan bien como nosotros. Si intentamos bajar el ritmo o no estresarnos tanto, empezamos a deprimirnos un poco, nos invade una sensación de vacío, y ese malestar depresivo es en realidad el síndrome de abstinencia.

Puede que no te des cuenta de que eres adicta al estrés o a cualquier otro estimulante porque, con el tiempo, tu cuerpo se acostumbra a él. Parece que apenas te afecte. Por ejemplo, he oído a algunas personas decir que no tenían un problema con la bebida porque podían pasarse la noche entera bebiendo y no se les notaba. El problema es que si alguien aguanta bien el alcohol, es porque lleva bebiendo mucho desde hace mucho tiempo y su fisiología se ha adaptado. Lo mismo les ocurre a quienes viven en permanente estado de estrés y se enorgullecen de estar siempre superocupados y de su altísimo rendimiento. Esa hiperactividad y la incesante sensación de compromiso se convierten con el tiempo en lo normal, en lugar de entenderse como una señal de alarma.

El problema de las adicciones es que la tolerancia física a la sustancia va en aumento mientras que el umbral de perjuicios y letalidad se mantiene invariable. Esto significa que hay una cantidad máxima de sustancia tóxica que nuestro cuerpo es realmente capaz de tolerar, *tanto si sentimos sus efectos como si no.* Así pues, aunque alguien no note los efectos de lo que es de hecho una adicción, podría estar aproximándose a la zona letal.

Lo mismo ocurre con el estrés. De entrada, un poco de estrés nos da una estimulante sensación de arrojo, y parece que tenga más sentido y un propósito más claro atender nuestras responsabilidades; es como si cobraran importancia. Pero a medida que la vida transcurre y esas responsabilidades van en aumento, el nivel de estrés al que nos vamos habituando es cada vez más alto. Estar siempre ocupada y bajo presión empieza a parecerte la forma correcta de vivir, y cualquier cosa que no sea eso te hace sentirte vagamente inútil. Pero, como ocurre con las drogas o el alcohol, tu cuerpo tiene un límite máximo de tolerancia al estrés, por mucho que te hayas acostumbrado a él. En las primeras fases de sobredosis de estrés, comienzan a aparecer síntomas como la ansiedad, el insomnio, un nerviosismo que te hace comer compulsivamente, preocupación y dificultad para concentrarte. Luego, cuando el estrés alcanza el punto límite, los sistemas y aparatos del cuerpo se empiezan a resentir. Aun así, mientras todo esto sucede, es posible que la persona adicta al estrés no relacione en ningún momento su estilo de vida con los síntomas que se van manifestando. El alto nivel de estrés con el que vive le parece lo normal.

Si eres adicta al estrés, vives con una exagerada sensación de presión y autocrítica, que intentas aliviar con cualquier cosa que te distraiga de tu adicción. Es muy probable que una malévola voz interior, excepcionalmente exigente y fustigadora, te diga que tu valía es algo que aún está por demostrar, no algo inherente al simple hecho de que estés viva. Los alcohólicos beben para acallar esa voz, mientras que los adictos al estrés trabajan y se preocupan hasta desquiciarse para estar siempre un paso por delante del juez interior. Si eres adicta al estrés, quizá te parece que solo eres digna de respeto cuando demuestras tu virtud estando muy ocupada, y tienes por tanto la secreta esperanza de que los demás se queden impresionados por el peso de tus responsabilidades.

Lo que realmente buscamos en cualquier adicción, ya sea a una sustancia o a un sentido de la responsabilidad sobrehumano, es que nos anestesie para no oír las profundas dudas sobre lo que valemos y si somos dignos de que nos quieran. Para cualquier adicto, el amor es algo esencialmente condicional, y si los adictos al estrés tienen una vida tan ajetreada y llena de compromisos es para demostrarse a nivel subconsciente que, al fin, son personas competentes merecedoras de amor. Pero, en última instancia, la adicción te lleva a descuidarte profundamente en un intento desesperado por ganarte la estima de los demás.

A los adictos al estrés les suele resultar difícil bajar el ritmo hasta un nivel de responsabilidad y actividad más razonables. Piensas que eres una vaga y te sientes culpable si no estás haciendo algo constructivo a cada segundo. Lo triste es que, cuando finalmente un día decides empezar a prestar atención a lo que de verdad sientes y necesitas, te quedas asombrada de hasta qué punto has conseguido insensibilizarte durante tanto tiempo. Te das cuenta de repente de que, si has sido capaz de asumir una cantidad de responsabilidades tan demencial, ha sido solo porque has ignorado todas las señales de agotamiento emocional y físico. Si consigues volver a establecer comunicación con tu saber interior, empezarás a notar el dolor derivado del estrés y podrás aflojar el ritmo antes de que se produzcan daños graves.

Vale la pena que hagas un esfuerzo por dejar de vivir dominada por el estrés, ya que, como cualquier otra adicción, la adicción al estrés te hará ignorar las necesidades emocionales de los demás lo mismo que ignoras las tuyas. Tener conexión emocional con las personas con las que convives y te relacionas significa bajar el ritmo de vida lo suficiente como para disfrutar de estar con ellas, no consiste en dedicarles un poco de tu tiempo mientras tienes la cabeza en otras cosas. Recuperarte del hábito del estrés es rescatar tu vida y tu autoestima, liberarlas de exigencias imposibles y aprender a quererte y darte todo tu apoyo por el solo hecho de que estás aquí. La repercusión directa de esto es que serás también más amable con los demás, signo inequívoco de estar recuperándose de cualquier adicción.

60 Noventa segundos para sentirte mejor

¿Por qué dura tanto el malestar emocional?

Todos somos expertos en lanzarnos inmediatamente a la lucha o huir al instante, porque nuestro cerebro está programado para desencadenar estas reacciones a la menor señal de peligro. Y una vez que sentimos una sacudida de miedo o una oleada de ira, no es fácil recuperar la calma. De hecho, son dos de las emociones más difíciles de controlar. Sin embargo, según explica la neurocientífica Jill Bolte Taylor en su fascinante libro *Un ataque de lucidez*, estas poderosas emociones se desencadenan, siguen su curso y desaparecen del cuerpo en unos noventa segundos.

La mayoría, sin embargo, no experimentamos la ansiedad o la ira en ráfagas de minuto y medio. La ansiedad puede durarnos toda la noche y el enfado varios días seguidos. Pero si una emoción tan intensa como estas puede inundar el cuerpo y expulsarse de nuevo en menos de dos minutos, ¿por qué nos dura tanto el malestar emocional?

La razón es que, a partir del momento en que nos enfadamos, buscamos constantemente razones para seguir estando enfadados. Lo mismo ocurre con el miedo. Si sentimos miedo de repente, seguimos mirando el mundo exterior a través de los ojos del miedo. Fijar toda la atención en la angustia hace que los sentimientos dolorosos sigan vivos hasta bien pasada su fecha de caducidad. Así es como mantenemos un estado de ira y magnificamos nuestros miedos más allá de toda razón.

Como la emoción es una intensa actividad neuroquímica que tiene lugar dentro del cuerpo, nuestro instinto es tomárnosla absolutamente en serio. Bastan unas cuantas descargas de neuro-transmisores en el cerebro para que nuestra visión del mundo se tiña del color emocional del momento. No solemos preguntarnos si las emociones nos están dando una percepción atinada de las cosas. Si sentimos algo, debe de ser que es así. Aceptamos las reacciones viscerales al pie de la letra y buscamos una justificación para seguir sintiéndonos enfadados o molestos.

A pesar de que nuestra salud mental y física se resiente a causa de esa angustia, no solemos ser conscientes de que tenemos elección en el asunto. Seguimos creyendo que nuestras emociones nos dicen cómo son las cosas en realidad. Si eso significa vivir con un nudo en el estómago o con la cabeza a punto de explotar, que así sea. Amplificamos nuestro tormento contándonos una historia angustiosa que justifique esas reacciones emocionales, y al contarnos a nosotros mismos la historia de por qué nos sentimos así, nos involucramos en ella todavía más, como si estuviéramos viendo una apasionante película de tensión. Ahora la emoción original está respaldada por todo un elenco de actores y actrices. Somos tan magníficos autores de nuestra historia emocional como el mejor guionista.

Cómo reacciones a algo no es tan importante como lo que hagas después con esa reacción. Puede que tu fisiología no te dé muchas opciones sobre lo que sientes en los primeros noventa segundos, pero sin duda depende de ti cómo te sientas después. Puedes hacer todo tipo de cosas para sentirte mejor, como examinar la validez de esos sentimientos, pedir consejo y ayuda emocional, buscar soluciones o simplemente calmarte. Lo único que debes tener en cuenta es que no podrás hacerlo hasta pasados los primeros noventa segundos.

En caliente, noventa segundos parecen una eternidad. Piensa en la última vez que te enfadaste de verdad. Ahora imagina cómo sería quedarte inmóvil con ese sentimiento y contar hasta noventa. Despacio. Durante esos noventa instantes, probablemente no tendrías mucha fe en que pronto te sentirías mejor. Por eso es bueno tener la certeza de que, si no lo prolongas deliberadamente, en minuto y medio te calmarás.

A muchos les preocupa que no dar salida a sus reacciones emocionales intensas vaya a convertirlos en seres inexpresivos y faltos de vitalidad. Creen que si empiezan a supervisar sus emociones, se volverán personas mortalmente aburridas. Piensan que estar alterados indica que viven intensamente, cuando en realidad es una simple indicación de estrés. Estas personas confunden el subidón de la adrenalina con sentirse vivas.

La próxima vez que notes una escalada de ira, intenta recordar la regla de los noventa segundos. Puede que tengas que aguantar la corriente de adrenalina durante ese minuto y medio, pero, después de eso, te sentirás mejor si decides que sea así. El mejor atajo para volver a la calma es tener presente que ninguna opinión categórica que tengas sobre lo que acaba de ocurrir te ayuda lo más mínimo. Aunque durante los primeros noventa segundos no parezca posible, tienes realmente la posibilidad de encontrarte en situaciones conflictivas, afrontarlas y seguir adelante tranquila, si no alimentas el pensamiento de que eso no debería haberte ocurrido a ti.

Es muy importante que seamos capaces de dominar las emociones, y el resultado es una mayor autoestima y capacidad para vivir con inteligencia. Aunque seas una persona muy emocional, puedes colaborar con tu cerebro para acortar el tiempo de enfado y malestar. La próxima vez que te invada una intensa emoción negativa, prueba a contar hasta noventa en lugar de contar hasta diez y date la oportunidad de decidir si quieres que ese incidente desagradable sea un episodio o un largometraje.

61 Prueba la dieta baja en juicios

Por mucho que juzgues el mundo, es imposible
que eso lo convierta en un lugar mejor.

Los juicios son como la comida basura. Mmm... ¡qué buenas estas patatas fritas! Cuando has probado una, imposible no comer otra, y otra, ¿verdad? Pues prueba un juicio. Tienen algo tan sabroso y crujiente los juicios mentales que podría sentarme y no hacer otra cosa en mi vida que saborearlos, si no fuera por los efectos secundarios tan molestos.

Pensar que alguien es un egoísta, un estúpido o un grosero es como comer palomitas de maíz. Un pensamiento lleva a otro, y a otro, y sin darnos cuenta nos estamos tragando el bol entero de negatividad. Del mismo modo que comemos palomitas de maíz como autómatas mientras vemos una película, durante el día la mente se ocupa de procesar las actividades cotidianas mientras, de fondo, hay un hilo de pensamiento constante sobre lo que alguien le ha hecho a otro alguien y lo mala persona que es para haber hecho algo así.

Lo cierto es que podríamos protegernos de la gente problemática estando al tanto, sin necesidad de añadir una culpabilización moral. Sería más que suficiente. Pero al parecer no podemos evitar ir un paso más allá. Si alguien me ofende o me enfada, no me contento con responder en el momento ni me quedo solo con lo ocurrido; considero que es mi deber presentar una acusación mental contra esa persona y todo lo que la caracteriza.

En un estado mental enjuiciador, nos deleitamos con cualquier término, ya sea diagnóstico o escatológico, que defina los defectos de alguien. Créeme, el campo de la salud mental está repleto de términos con los que insultar a quienes hacen cosas que nos molestan. Pero también lo está el resto de nuestra cultura. Nunca nos cansamos de hacer categorizaciones negativas.

No obstante, lo curioso de todo esto es que ninguno de los juicios morales categóricos que hacemos ayuda lo más mínimo a mejorar las cosas. Si así fuera, los problemas de la humanidad se habrían resuelto hace ya mucho. Los seres humanos llevamos miles de años utilizando la rabia y el odio para resolver nuestras discrepancias y recurriendo a toda clase de violencia para imponer nuestros juicios, pero en algún momento, tendremos que resolver el problema. Y en esencia esto significa llegar por fin a la mesa de la paz o al menos dominar nuestros resentimientos.

Si juzgar no fuera tan gratificante a nivel emocional, podríamos evitarlo por completo y ocuparnos de cómo resolver el problema. Podríamos dar un paso atrás, analizar el asunto y buscar algún tipo de solución. Pero cuando la emoción y la razón compiten, gana la emoción generalmente. La razón no es ni de lejos tan divertida. Al sistema de recompensa alojado en el cerebro no le interesan nada las largas listas que detallan los pros y los contras de una posible intervención. Puede que la razón sea más realista, pero no hará encenderse los focos hedónicos del cerebro ni te dará tampoco la estimulante certeza de que eres mucho mejor que toda esa gente detestable que hay en el mundo.

Cuando fantaseas con penalizar a los que te ofenden, te cuesta la salud y la felicidad. Juzgar puede darte una sustancial sensación de poder, de eso no hay duda, pero el poder de castigar es un poder lleno de estrés. Te hace sentirte constantemente amenazada.

¿Cómo te sentirías si dejaras pasar de largo cualquier pensamiento enjuiciador que apareciera?

Te sentirías más ligera, como si te hubieran quitado un peso de encima. Te sentirías como si se hubiera levantado de golpe el gorila que te aplastaba la espalda. Empezarías a pensar en las cosas que quieres hacer *tú*, no en lo que hayan hecho los demás. Quien te ofendió pasaría a segundo plano, y se abrirían un sinfín de posibilidades de vida. Empezarías a pensar en tu vida y en ti, en vez de quejarte porque los demás no sean como tú quieres. En lugar de darle vueltas a por qué cierta persona se ha portado contigo como un imbécil, te preguntarías: «¿Hasta dónde quiero yo que me afecte esta situación?».

Si renuncias a la comida basura como forma de resolver tus frustraciones, perderás los kilos de más. Otro tanto ocurre con la dieta baja en juicios. Si no tienes la atención constantemente puesta en qué juzgar a continuación, encontrarás otras cosas más interesantes y enriquecedoras que hacer. El peso que pierdas cuando dejes de juzgar será el peso del mundo. Porque ni todas las patatas fritas del mundo harán que tus problemas se evaporen ni todos los juicios sobre el mundo harán de él un lugar mejor. Además, tu única responsabilidad ha sido siempre hacer de tu interior un lugar mejor. Alejarnos de los juicios basura hace que ocurra exactamente eso.

62 Cómo superar la ansiedad social

La ansiedad social nace de creer que lo importante es caer bien.

La mayoría solemos ponernos un poco nerviosos cuando nos encontramos en una situación social nueva. Es natural. Pero a algunos nos entra un miedo atroz ante la sola idea de tener que estar en grupo. La ansiedad social es el temor obsesivo a cómo te ven los demás. En cualquier interacción, estás tan preocupada por la impresión que estás causándole al otro que pierdes contacto con tu auténtica experiencia. Tienes la sensación de que esa persona está pendiente de si cometes el más mínimo error. Vives cada interacción con otro ser humano como un examen en el que se te puede aprobar o suspender.

El consejo habitual para esta clase de situaciones es que no pienses tanto en ti y prestes más atención a lo que hacen o dicen los demás. Pero si estás extremadamente ansiosa, no te va a resultar fácil. La ansiedad te hace ponerte a la defensiva, no te despierta curiosidad. Así que, dependiendo de tu carácter, bien te forzarás a participar y harás una intervención tensa o bien te retraerás con una sensación de hundimiento, impaciente por que todo termine.

La ansiedad social nace de creer que lo importante es caer bien. El pensamiento se queda atrapado en esa idea, y lo único que notas en el cuerpo es un miedo que te revuelve el estómago. La ansiedad ha hecho que la mente esté hiperactiva, por lo que no es tan fácil hacerla callar. La solución a esta ansiedad extrema es redirigir la energía que está puesta en preocuparte por el futuro y enfocarla con delicadeza en observar el presente. Tienes que darle a tu mente otra misión que no sea evaluar si estás siendo lo bastante simpática.

Adoptar una actitud consciente hace que la ansiedad social ceda y dé paso a un sentimiento más tranquilo. El mindfulness o atención plena es una técnica de meditación en la que dirigimos la atención a lo que ocurre en nuestro interior; somos conscientes de que los pensamientos llegan, y simplemente los dejamos pasar como pasan las nubes por el cielo. No los juzgamos ni nos involucramos con ellos; simplemente los observamos con imperturbable serenidad. Entonces lo importante ya no es caerle bien a tu interlocutor, sino practicar la meditación activa, observar con desapego lo que ocurre dentro de ti y a tu alrededor *en ese preciso momento.*

Por supuesto, no es esto lo que normalmente se le ocurrirá hacer a alguien que sienta ansiedad. En cuanto la ansiedad o la inseguridad aparecen, te obligas con insistencia a hacer algo. Te dices que tienes que hacerte la simpática, decir algo divertido, hacer ver que estás contenta o encontrar de inmediato alguien con quien hablar.

Podrías probar algo diferente. En primer lugar, felicítate simplemente por estar ahí, respirando. A continuación, antes de que la atención se instale en la cabeza (donde te producirá ansiedad), sácala y concéntrala en los pies (donde te estabilizará) y en la respiración que se mueve en el pecho (donde te centrará). Utilizando la técnica de coherencia cardiaca,* imagina que tienes una nariz gigante en el pecho y que respiras a través del corazón, diciéndote a ti misma «calma» o «paz» en cada inhalación y exhalación. Inhala por la nariz y haz exhalaciones largas y lentas, que ralentizarán el ritmo cardiaco. Recuerda algún momento en que, con la mayor naturalidad, te sentiste a salvo, feliz y agradecida. No te estás presionando ni estás pensando en qué hacer a continuación; simplemente estás presente, con la serenidad de un mueble sintiente. Si aparecen

---

* N. de la T.: La técnica de coherencia cardiaca, desarrollada por el Instituto HeartMath de California, trata de coordinar la respiración con la frecuencia cardiaca con el objetivo de disminuir el estrés y la ansiedad.

pensamientos de preocupación o de juicio, date cuenta de ellos con desapego y luego pon la atención de nuevo en seguir respirando tranquilamente con el corazón y en sentir los pies en el suelo.

Mira a tu alrededor. En lugar de dirigir tú la mirada, deja que el entorno dirija tu atención. ¿Notas algo que te despierte interés? ¿Hay algo, o alguien, que te atraiga? Toma conciencia de ello y deja que la acción venga a ti en lugar de iniciarla tú. Imagina que eres tu propia acompañante durante todo el evento. Estás ahí en pareja contigo. Sintoniza con tu presencia física y observa lo que hay a tu alrededor mientras te sientes serena e indisolublemente unida a ti.

Sustituye cualquier juicio que aparezca por un pensamiento de amor. Relaciónate con la situación desde la energía de tu corazón, en vez de con la energía de tu cabeza. En lugar de conectar el cerebro láser, relaja el estómago y acomódate en su acolchada calidez. Cuando estés conversando con alguien, imagina que la energía de tu corazón se extiende hasta el espacio que hay entre tú y esa persona y se encuentra así con la suya en el centro donde los campos de vuestros corazones se unen. Escuchas sus palabras y participas en la conversación, pero lo que de verdad te importa es notar y saborear esa confluencia silenciosa de energías que está produciéndose entre vosotras. Cuando finaliza el contacto, retornas tranquilamente a la experiencia de tu propia totalidad. A continuación, observa si hay algo más que te atraiga. De este modo, estás utilizando la imaginación para reconfortarte, en lugar de para asustarte.

Este método no te puede fallar, porque ya no intentas ser simpática, sino que tu atención está enfocada en ese punto intermedio en el que se encuentran las energías que emanan de los corazones. Bastará un solo contacto como este para que el evento sea un éxito. Es cuanto tienes que hacer: practicarlo una vez con una persona.

De este modo, el contacto social es la oportunidad de poner en práctica una meditación que te llena de energía, en vez de una actuación tensa y extenuante. Todo sucede como ha de suceder, que es lo que sentimos cuando dejamos que el amor nos guíe. Al imaginar que la energía de tu corazón se encuentra con la de la otra persona con total aceptación, no dejas lugar para el miedo. La ansiedad social se transforma en serena presencia.

63 Pon freno a la mente maquinal

*Para la mente maquinal, nada es tan importante
como terminar lo que se ha empezado.*

Como todos los seres humanos, tienes dos modalidades mentales. Una es comunicativa y experiencial; la otra es maquinal y solo quiere lograr lo que se propone. Ambas son necesarias para vivir plenamente, pero tiende a haber un desequilibrio de poderes debido a los métodos intimidatorios que emplea la *mente máquina*. Imagina a dos hermanas obligadas a convivir en un espacio reducido; una de ellas dócil y soñadora, la otra prepotente y práctica. A la hermana prepotente le resulta fácil imponerse y llevar las riendas. Se impone porque puede. Y una vez que lo hace, te convence de que lo importante en la vida es *terminar* lo que empiezas.

Lo único que le importa a la mente maquinal —que tiene su sede en el hemisferio izquierdo del cerebro— es llevar las cosas a término. Le da lo mismo el estrés que eso pueda causar. Nada le entusiasma tanto como fijarse un objetivo y cumplirlo. Por eso desprecia la actitud más relajada y relacional del hemisferio derecho; su sensibilidad emocional le parece un lastre que dificulta el progreso. Y si algo no puede soportar la mente maquinal es un obstáculo, un retraso, una complicación. Quiere conducir en línea recta hasta el punto final, y más vale que nada se interponga en su camino. La exasperación es la reacción de la mente máquina si alguien trata de interferir. En cuanto alcanza su meta, una corriente de satisfacción le dice que todo ha merecido la pena, incluso aunque no haya sido así. Y esta poderosa sensación de recompensa hace que el cerebro se ponga a buscar de inmediato el siguiente objetivo. Entretanto, la mente comunicativa y experiencial queda relegada a segundo plano.

Pero ¿qué ocurre cuando la mente maquinal ha puesto la directa y, de repente, la interrumpen un hijo que quiere jugar o una pareja que quiere hablar de algo? ¿Qué pasa cuando un amigo te llama para charlar un rato y la mente máquina está absorta en un proyecto? Para ella, nada es tan importante como terminarlo. Todo lo demás puede esperar; lo único que no puede esperar es finalizar lo que ha empezado. Una vez que nos dejamos atrapar por esta mentalidad implacable, la aparición incluso de las personas más queridas puede parecernos un fastidio.

Atrapada en los engranajes de tu mente máquina, esperas que todos se den cuenta de lo importante que es la tarea en la que estás inmersa. Te impacientas y te irritas si alguien no valora el esfuerzo tan colosal que estás haciendo y el que todavía te queda por hacer. ¿Es que no ven lo ocupada que estás?

La mente maquinal siempre tiene la sensación de que le falta tiempo. Entiende que el tiempo no está hecho para desperdiciarlo ni para sentarse a disfrutar; es necesario organizarlo al milímetro, porque nunca hay tiempo suficiente para hacer todas las cosas que pueden llegar a ocurrírsele a la mente máquina. Para ella, la distancia más corta entre dos puntos es la línea recta, un rayo láser de intención. Vivir así es como cocinarlo todo en una olla a presión. Cada vez que haces algo, piensas que deberías encontrar la manera de hacerlo mejor y más rápido. La vida se convierte en una especie de informe de eficiencia. El sentido de la vida se reduce a encontrar la manera de tardar menos en hacer más.

El placer que obtienes en el momento de completar una tarea es muy intenso, pero antes de que te des cuenta se habrá reducido a la mitad; no seguirá animándote intensamente durante días. La alegría exultante de ver el trabajo terminado se desvanece con asombrosa rapidez, como el efecto eufórico de una droga. La razón es que no había en él sentimiento, calidez, una palpitante conexión con el mundo y con los demás. Es como comparar un subidón de azúcar con la pausada nutrición de una vida rica en experiencias y relaciones.

Parece como si formara parte de nuestro diseño humano que la manera de reponer la energía emocional sea saboreando la belleza del mundo y la enriquecedora relación con los seres vivos. La parte relacional de la mente es, desde el punto de vista neurológico, nuestra base central de comunicaciones. En origen, la función de la mente maquinal era proteger esas fuentes primarias de energía comunicativa, resolver posibles problemas y llevar a cabo lo que fuera necesario. Pero la mente máquina puede acabar creando adicción. Puede resultarnos más gratificante tachar cosas de la lista de obligaciones que dedicar tiempo y energía a establecer contacto con otras personas, con los animales o con la naturaleza.

A diferencia de cuando empleas el estilo rectilíneo de la mente maquinal, el movimiento natural de la mente cuando te relacionas con el mundo vivo que te rodea es ondulatorio y circular: la mente repite, revisa, añade nuevo colorido a lo que se había percibido anteriormente, ve más en lo que ya se había explorado, lo amplía, profundiza en ello y descubre conexiones sutiles. Con esta mentalidad relajada, es como si estuvieras tendiendo zarcillos de afecto que se enrollan alrededor de todo aquello que te llama la atención. La mente relacional no pretende *conseguir el objetivo*; su prioridad es experimentar plenamente este momento inmediato.

La próxima vez que te descubras atrapada en el estrés de tener que terminar algo, prueba a distanciarte de ello unos minutos. Intenta equilibrar tu vida conectando deliberadamente con tu entorno y con otros seres durante un momento. Desconéctate de la sensación de estrés y déjate deleitar por algo que te resulte bello o reconfortante. Si ese algo es tu hijo, tu pareja, un amigo o tu mascota, todavía mejor. Podrías descubrir que ellos son la verdadera razón por la que necesitas terminar ese trabajo.

64 Basta de criticarte

Lo único que pretende la autocrítica es que dejes de confiar en ti.

Es curioso lo que pasa dentro de la cabeza. Jamás tolerarías que nadie te hablara como tú te hablas. El problema es que no pareces darte cuenta de que quien habla eres tú. La voz crítica que «oyes» dentro de tu cabeza suena como si fuera la voz de la autoridad suprema. Y lo peor de todo es que la opinión que tenga de ti dependerá de que seas o no capaz de cumplir sus expectativas, que nunca dejan de crecer. Satisfacer a esa voz es como intentar hacer diana en un blanco móvil. Si llegas a cumplir sus exigencias, inventará otras.

Esta voz de la cabeza es como un ordenador loco. Cuando te sientas deprimida, ansiosa o avergonzada, no tengas duda de que es ella la que está al mando. Este ordenador que llevas integrado —o más exactamente, el conjunto de programas que hay instalados en él— es una amalgama de reglas, juicios y reacciones instintivas que aprendiste en la infancia, posiblemente de tu padre o tu madre emocionalmente inmaduros. Es todo lo que te exigieron para que fueras una versión perfecta de la persona ideal que tenían en mente. Es lo mismo que ellos antes se habían impuesto a sí mismos, con mejores o peores resultados. Y como lo más probable es que tampoco ellos cuestionaran nunca su voz autocrítica, te la transmitieron a ti.

Tú no imaginas que esa voz sea la fuente de cada sentimiento que te hunde en la miseria; todo lo contrario, crees que obedecerla te dará la vida que quieres. Piensas que si consiguieras alcanzar cada cima que te pone delante, un día al final serías feliz. Escuchas a esa voz sin rechistar porque supones que quiere lo mejor para ti. ¿Por qué, si no, iba a pasarse el día entero haciendo comentarios y

dándote consejos sobre cada cosa que piensas y haces? Quiere únicamente que seas perfecta, solo eso.

Si conocieras a una persona de carne y hueso que hablara
como te habla esa voz, te alejarías de ella lo más rápido posible. O
quizá aguantarías su discurso abusivo si no te quedara otro remedio, pero en la intimidad de tu mente estarías pensando: «¡Menuda
imbécil!». Sin embargo, cuando esta voz te suena dentro de la cabeza, pierdes por completo la objetividad y aceptas cada cosa que
dice como si fuera la voz de la sabiduría. Por eso, si en un momento
te incita a defenderte a brazo partido y unos instantes después te
reprende por ser demasiado agresiva, ni siquiera te das cuenta de
la contradicción.

No es la voz de la conciencia, es la voz de la crítica. La voz autocrítica no tiene integrada una filosofía coherente; no es más que
un tropel de juicios reactivos inventados sobre la marcha. No intenta orientarte, solo quiere hacer que te sientas incompetente e
insignificante. La conciencia quiere que actúes de acuerdo con tus
principios, lo cual aumenta tu autoestima y te da seguridad en ti
misma. La autocrítica intenta hacerte dudar de ti, simple y llana-
mente. No te dirige hacia nada que te beneficie. Aunque pretenda
convencerte de que esa es su intención, su único objetivo es hacerte
perder la confianza en ti misma.

¿Por qué? Porque la autocrítica es la voz de la autoridad tirá-
nica que un día interiorizaste, y lo último que quiere un tirano es
que nadie piense con claridad y confíe en sí mismo. Los tiranos,
ya sea en el mundo exterior o dentro de tu mente, quieren ser el
centro de atención y los que tomen todas las decisiones. Lo que
ellos digan es lo que vale; da igual que no tenga sentido. Y como
esa voz te va marcando objetivos contradictorios que por fuerza
entran en conflicto, acabas con la mente llena de confusión e incertidumbre.

Para empezar a liberarte de la voz autocrítica, pregúntate si te está ayudando a construir el tipo de vida que quieres o si te lo está impidiendo. ¿Te ayuda a hacer realidad tus sueños? ¿Te da fuerzas para perseverar? ¿Te aporta ideas prácticas e interesantes que realmente mejoran las cosas? ¿O se pasa el día quejándose de lo mal que lo haces todo, básicamente fustigándote sin piedad cuando ya no das más de ti? (¿Alguna vez ha servido esta práctica para hacer a alguien más fuerte?).

La voz autocrítica no sabe cuándo parar. De hecho, cuanto más te hundes, más te subyuga; y tu sometimiento le da fuerza, como a cualquier tirano. Se hincha en proporción directa a tu postración.

La próxima vez que te hable, fíjate en cuáles son sus valores. Por ejemplo, si no deja de reprenderte porque has cometido un error, está defendiendo que los seres humanos merecen que se los castigue sin piedad por ser falibles. Ahora pregúntate si eso está de acuerdo con tus valores. ¿Tratarías tú a alguien así? ¿Es ese uno de tus valores más preciados, reaccionar ante cualquier pequeño error de alguien con insultos, desprecio y una diatriba contra su persona? ¿Es uno de tus valores conscientes que solo son buenas personas la gente perfecta? (Se me vienen a la mente uno o dos tiranos que eso creían).

Esta voz viene de tu pasado. No reconoces que sea así porque ha aprendido a hablar como tú, pero en origen provenía de otras personas. De niña, interiorizaste muchas de las actitudes críticas que oías y las hiciste tuyas. Empezaste a hablarte a ti misma como te hablaban a ti o como veías que se trataban entre sí aquellos que eran tu punto de referencia. Da igual si lo aprendiste de una manera o de otra; el caso es que alguien te enseñó a arremeter contra ti cuando cometías el más mínimo error o no dabas la talla.

Lo mejor para liberarnos de la voz autocrítica es *exteriorizarla*. Expulsemos de nosotros esas voces que nunca han sido nuestras, para que podamos mirarlas con detenimiento. Será una liberación entresacar todas esas creencias que un día te tragaste. Gracias al cielo que hay una observadora sensible dentro de ti que sabe distinguir entre lo que es una ayuda y una recriminación; que te pregunta qué valoras realmente y hacia dónde quieres ir en la vida, para que a partir de tus respuestas la autocrítica se revele como la voz del tirano confundido y egoísta que es.

En este momento de tu vida, tú decides cómo tratarte. Si te presionas y te criticas, te sentirás mal y tendrás poca energía para conseguir nada. Si te tratas bien, con respeto y comprensión, tendrás esperanza y energía para mejorar tu vida de verdad. Lo primero es detectar la autocrítica en el momento y darte cuenta de que culpabilizarte no es una ayuda sino todo lo contrario. Nunca te hará mejor persona. El siguiente paso es reenfocar deliberadamente tus pensamientos y centrarlos en lo que quieres de la vida y lo que más valoras. De este modo, desterrarás la voz autocrítica que te ha tiranizado hasta ahora e irás creando tu nueva guía de vida. En tu mundo interior, a tus líderes los eliges tú.

65 La búsqueda de perfección

*Si eres demasiado exigente contigo, serás igual de
implacable en lo que esperes de los demás.*

Los ideales pueden ayudarte a crecer interiormente, pero debes
tener cuidado con cuáles eliges, ya que son los sirvientes del pensamiento perfeccionista. Intentar estar a la altura de unos ideales
exagerados puede provocarte estrés, confusión y depresión. Por
ejemplo, si estás intentando ser la madre, la cónyuge o incluso la
empleada perfecta, probablemente sea agotador tener la preocupación constante de si respondes a ese ideal; un ideal que, en realidad, podría ser una mezcolanza de lo que has oído, lo que has visto
e incluso lo mucho que deseas no parecerte a *tu* madre o tu padre
emocionalmente inmaduros. Rara vez te cuestionas esos ideales ni
piensas en cómo puede estar afectando a tus relaciones ese constante esfuerzo por estar a la altura.

El idealismo es la iniciación al perfeccionismo, y la idea de
la perfectibilidad suele acabar castigando de una manera u otra a
quien la profesa. Si eres demasiado exigente contigo, serás igual
de implacable en lo que esperes de los demás. Si lo que más te importa es la perfección, aunque sea inconscientemente, siempre te
parecerá que los demás no ponen suficiente empeño en hacer las
cosas bien.

El afán de perfección puede empezar a edad temprana, cuando el ceño fruncido o la frialdad emocional de tu padre o tu madre
te hacen saber que has errado. Aunque no sea esa su intención, tú
recibes el mensaje de que, para merecer su amor, debes ser perfecta. Cometer errores y decepcionar a tus padres supone correr el
riesgo de que se distancien emocionalmente de ti, algo que ningún

niño puede tolerar durante demasiado tiempo. Si el afecto y la conexión emocional te llegan como resultado de hacer las cosas bien, creerás que ser perfecta es el camino más seguro para tener amor y seguridad emocional.

Si tus padres eran tan excesivamente exigentes, es importante que entiendas que no tenía nada que ver contigo. También ellos fueron niños y crecieron con el mismo miedo que tú a que los rechazaran si no hacían todo lo posible por ser perfectos. Para ti son figuras de autoridad, pero también ellos llevan dentro su propio miedo infantil. Puede que intentar ser el niño o la niña perfectos a través de ti les pareciera una nueva oportunidad de conseguir amor y aceptación. No es de extrañar que se enfadaran tanto por cada pequeño error tuyo. Los sumía en la más profunda desesperanza que no fueras perfecta porque tus errores les traían el recuerdo de sus propias inseguridades de infancia. Temían que tus defectos significaran que *ellos* eran malos.

Los padres no pueden enseñar a sus hijos a ser perfectos, por mucho que los castiguen o los premien. Pero para los niños puede ser motivo de orgullo cualquier pequeña *mejora*, y los padres pueden mostrarles una buena dirección hacia la que apuntar. Cuando los niños —o cualquiera, en realidad— cometen un error, la respuesta más inteligente es pensar en cuál es el siguiente paso y atribuir el error a la experiencia. Así es como aprendemos de la experiencia sin tener que cargar con la vergüenza absurda de no haber sido perfectos y haber cometido el error.

En lugar de intentar ser perfecta, podrías alegrarte de cada pequeña mejora. De todos modos, ¡es lo máximo que vas a poder hacer nunca! Tratar de mejorar un poco aquí y allá es mucho más realista que esforzarte por conseguir un resultado grandioso cada vez que haces algo. ¿Por qué no abandonar de una vez ese engañoso anhelo de perfección que heredaste y entenderlo como lo que es:

una actitud punitiva ante la vida que solo te permite obtener so-
bresalientes o suspensos? Cometer errores no te inhabilita para ser
una buena persona. Es más, significa que encajas de lleno en este
mundo imperfecto que mejora muy lentamente.

66 Encuentra tu ritmo

*Trabajar a marchas forzadas no puede ser la
manera de demostrar lo que vales.*

Cada cual tenemos un ritmo diferente. Algunos somos lentos y metódicos, mientras que otros nos movemos en la vida como los conejos, saltando con rapidez de una cosa a la siguiente. En la cultura moderna, es a las personas capaces de ocuparse de mil tareas distintas al mismo tiempo a las que más se admira. Son tan rápidas y eficientes... Están siempre tan motivadas y abstraídas... La regla tácita dice que deberíamos hacer tanto como sea posible en el menor tiempo posible. Y, absurdamente, de esto deducimos que, cuanto más tenemos que hacer, más rápido tenemos que intentar hacerlo.

Aprendimos a apresurarnos en la infancia. De niños, somos mucho más lentos que la gente mayor que hay a nuestro alrededor y nuestro cerebro no funciona tan rápido. Te dicen que te des prisa, que dejes de perder el tiempo, y te obligan a ir a un ritmo que no es natural para tu joven cerebro. Es posible que tus padres te enseñaran que tardar todo el tiempo que necesitaras para hacer cualquier cosa equivalía a que eras mala o perezosa. Y como esa creencia te ha acompañado a la edad adulta, no das la menor importancia al cansancio y el estrés que podrían indicarte que estás haciendo demasiadas cosas a la vez. Has perdido la noción de cuál es tu ritmo natural.

El cerebro está diseñado para hacer una cosa en cada momento, aunque la atención pueda pasar instantáneamente de una cosa a otra y alternar entre ellas. Sin embargo, esa alternancia tiene un precio, porque la parte del cerebro que decide en qué enfocar la atención consume mucha energía. Es formidable la cantidad de energía que necesita el cerebro para crear la ilusión de que estás haciendo muchas cosas a la vez. Y esa demanda de energía resultante de toda la alternancia cerebral es a lo que llamamos estrés. Es la manera que tiene el cerebro de decirte que vayas más despacio.

El estrés disminuye cuando adoptas un ritmo que te resulta cómodo, es decir, el ritmo de procesamiento para el que tu cerebro fue diseñado. Si te fuerzas a ir más deprisa, empezarás a notar el estrés y tu cerebro se embotará y trabajará cada vez con más lentitud. Así que cuanto más tengas que hacer y más grande sea el proyecto, más debes reducir la velocidad, hasta encontrar el ritmo que sea más productivo para la situación.

Si te empeñas en trabajar a un ritmo que supere la capacidad natural de tu cerebro, llegará un momento en que sientas que estás a punto de explotar. Esto es malo para el cerebro, pero también para el sistema cardiovascular y las glándulas suprarrenales, y te provoca acidez de estómago. La secreción de hormonas del estrés y una subida de la presión arterial son la forma que tiene tu cuerpo de decirte que trabajar a marchas forzadas no puede ser la manera de demostrar lo que vales. Entonces descubres que, a base de no escuchar a tu cuerpo, la sensibilidad a la reacción cerebral de estrés se ha ido atrofiando tanto que no sabes cuánto tiempo necesitas realmente para hacer algo. Lo más probable es que ni recuerdes la última vez que te concediste el tiempo necesario para hacer las cosas con comodidad.

¿Por qué no abandonar esta presión innecesaria y encontrar tu verdadero ritmo? Ese ritmo lo marcará el tiempo que tardes en hacer algo atenta y cómodamente. Si estás alerta a la respuesta de estrés, encontrarás tu ritmo y parecerá que las tareas se hacen solas. En cuanto se te empiece a tensar el estómago o notes tensión en la zona de la coronilla, detente y observa la presión que estás experimentando. Inspira hondo, espira lentamente y comienza a trabajar más despacio para encontrar tu ritmo.

Como experimento, prueba a dividir la tarea en secciones, para que puedas completar de forma fácil y agradable cada minitarea. O cronométrate y comprueba cuánto tiempo necesitas de verdad para hacer una determinada tarea sin estrés. Si prestas atención a las sensaciones corporales, aprenderás a crear unidades de esfuerzo más lentas y breves, que no causen estrés al organismo. Además, verás que tienes muchas más ganas de hacer cualquier cosa si no conlleva ni prisas ni presiones.

Otra forma de encontrar tu ritmo natural es concederte el doble de tiempo del que crees que puede llevarte una tarea. Si crees que necesitarás una mañana para hacer algo, planifica dos. Parece que sea un despilfarro de tiempo, porque va en contra de todo lo que has aprendido sobre lo que significa ser competente y productiva, pero de este modo descubrirás al fin cuánto tiempo necesita tu cerebro para hacer cualquier tarea con una sensación de bienestar.

Quizá te dé risa leer esto. Si ya ahora no te da tiempo a hacer las cosas, ¡solo te faltaba tener que dividirlo por dos! Pero hacer una tarea en pequeñas partes durante un periodo más largo no te creará estrés, y verás que al final has conseguido terminar el trabajo en el mismo tiempo que antes. La única diferencia es que no estará comprimido en un indigerible esfuerzo en bloque. El tiempo en sí nunca es un problema; el problema es querer hacer un trabajo colosal a toda prisa. Si te das cuenta de que vas a tardar el doble de lo que imaginabas en terminar algo, disfrutarás haciéndolo por partes, poco a poco, durante más tiempo. Trabajarás a un ritmo más cómodo y conseguirás terminarlo todo. Si encuentras tu ritmo, encontrarás paz.

Adopta la actitud que más te beneficie

Hay un secreto para afrontar la vida con menos estrés y más satisfacción. Prueba a que la conciencia y la aceptación de ti mismo sea lo que te ayude a resolver cualquier situación y a planear la vida que quieres. Cuando eres comprensivo y compasivo contigo, dejas de temer lo que opinen los demás y de malgastar la energía en presiones innecesarias. El secreto es que no podrás vivir bien hasta que te trates bien a ti mismo.

67 Cómo abordar los problemas

Un problema es solo un acertijo que la realidad nos plantea.

Los problemas no son más que la forma que tiene la naturaleza de anunciarnos que nos hemos topado con la realidad. Sin embargo, nos crean ansiedad porque suelen presentarse inesperadamente.

Los problemas tienen su propio ciclo de vida: aparecen y van madurando hasta llegar a un punto en el que se resuelven de una forma o de otra. Sientes el apremio por resolverlos cuanto antes, pero si les das espacio para que se revelen por completo, la solución suele brotar del propio problema. Los problemas necesitan tiempo para desarrollarse y aclararse, y entonces la solución viene de utilizar lo que tengamos a mano. Nunca llega nada nuevo e insólito de algún lugar del universo a resolver el problema; la solución aflorará de las circunstancias en las que esté ocurriendo. Es como escribir un cuento: las letras que necesitas están todas ahí en el teclado, ¡solo hace falta que las pongas en orden!

Los problemas están hechos de lo que ya existe. Cada problema que se presente, míralo como si se tratara de una nueva composición creada con materiales ya conocidos; imagina un caleidoscopio gigante que gira lentamente y está en proceso de formar una nueva configuración. La sensación de haber dado con la solución se corresponde con el momento en que las piezas vuelven a formar un patrón claro y con sentido. Por mucho que te impacientes, no verás la solución antes de que termine de formarse. A veces lo que consideras un problema no es más que un cambio de dirección en el curso de la realidad, y las piezas se ordenarán ellas solas cuando estén maduras para hacerlo.

Calvin Coolidge dijo en una ocasión que si hay diez problemas que vienen por la carretera derechos hacia ti, nueve de ellos caerán en la cuneta antes de alcanzarte. Pero cuando en determinada situación te pones demasiado nervioso por lo que pueda ocurrir, acabas en la carretera corriendo a su encuentro y peleándote por tanto con algo que, después de todo, podría no haberse convertido en un problema. Si actúas antes de poder ver la configuración terminada, te conviertes en parte del problema; empiezas a oponer resistencia a cosas que quizá por sí solas se habrían desvanecido.

Puede que te hayan enseñado a creer que los problemas son siempre culpa de alguien, incluido tú. Posiblemente lo aprendieras de tu padre, tu madre o cualquier otro adulto emocionalmente inmaduro que reaccionara a tus errores con enfado, juzgándote y culpándote por ellos, transmitiéndote siempre la idea de que esos errores se habrían podido evitar si hubieras tenido un poco de cuidado. Esa culpa te avergüenza, y empiezas a temer cualquier situación compleja porque tienes miedo de equivocarte. Y la culpa hace que no puedas apartar la vista del problema, en lugar de dirigirla a la solución. Pero si te olvidas de cualquier culpabilización y te responsabilizas de la parte que hayas tenido en un problema, por minúscula que sea, estás más cerca de la solución porque has dado el único paso sobre el que sí tienes control.

Una vez que la situación haya evolucionado hasta convertirse en algo reconocible, puedes empezar a pensar qué hacer. La gente que es capaz de resolver con agilidad cualquier problema no es gente que rara vez tiene problemas; es gente que tiene una relación amistosa y realista con sus dificultades. Cuando les salen «mal» las cosas, no se lo toman como algo personal. Quizá no sepan cómo resolver la situación al instante, pero no necesariamente es lo que pretenden. Antes de nada, la estudian con calma y sopesan si es necesario actuar o no. Como no se alarman ante los problemas, tienden a encontrar soluciones duraderas en lugar de arreglos impulsivos.

Es mejor aceptar que los problemas son inevitables y luego jugar contigo mismo a ver hasta qué punto eres capaz de mantener la calma y el optimismo cuando aparecen. Cuando se presente el próximo problema, recuérdate a ti mismo que lo más importante es seguir sintiéndote bien. Eso te relajará la mente y, decidido a mantener la autoestima, tendrás la claridad para ocuparte de resolverlo. Los problemas revelan ellos solos la solución si estás tranquilo y te das tiempo para pensar.

Dice John Wesley Kidd: «Un problema es un problema solo hasta que pasamos a la acción: entonces se convierte en un proyecto». Saber cómo quieres que resulte tu proyecto te ayudará a orientar los esfuerzos que pongas en resolver la situación. Da siempre un paso atrás y pregúntate en voz alta qué estás intentando conseguir *realmente*. ¿Tu próxima acción te acercará a ese resultado o no?

¿Es algo malo un problema? Lo mismo daría preguntarnos si la realidad es algo malo. Un problema no es más que un acertijo que nos plantea la realidad, y la mejor forma de complicarlo es creerte con derecho a no tener ese problema. El problema no está pidiéndote que lo apruebes ni que lo desapruebes. Te está mostrando simplemente un trocito de realidad que no veías venir. Si eres capaz de afrontarlo con aceptación y curiosidad, tal vez acabes encontrando una solución que, en el proceso, te dé agudeza y confianza y te haga sentirte orgulloso de lo que has conseguido.

68 Céntrate en el resultado que quieres conseguir

Céntrate en el resultado que quieres, no en los problemas que tienes.

A muchos se nos enseña desde pequeños a pensar primero en los demás y no en lo que nosotros queremos. En el trato cotidiano con tus padres EI y posiblemente con otras figuras de autoridad presentes en tu infancia, como profesores, líderes religiosos o entrenadores deportivos, tal vez aprendiste que para ser bueno debes ceder cuando tus deseos son contrarios a los deseos de los demás. Tal vez te enseñaron que es de mala educación insistir en lo que tú quieres, que eso es ser egoísta. Sin embargo, las personas más felices y con más éxito en la vida nunca han perdido la capacidad para saber lo que quieren e ir tras ello. La salud mental y el bienestar general son el resultado de centrarte en lo que quieres.

Por desgracia, algunos padres creen estar preparando a sus hijos para las realidades de la vida adulta enseñándoles a ceder a los deseos de los demás. Lo que realmente están enseñándoles es a reprimir sus deseos, en vez de a satisfacerlos adoptando una actitud de confianza y determinación para resolver los problemas que se presenten. Les enseñan a sus hijos que cooperar significa renunciar a lo que quieren, en lugar de influir con inteligencia en cualquier situación para que los resultados los favorezcan también a ellos.

Como la vida adulta conlleva tener que resolver un sinfín de problemas cotidianos —en muchos casos con otras personas de por medio—, si te enseñaron a callarte, estarás en terrible desventaja. Es probable que acabes sintiéndote resentido, impotente e incapaz de defender tu punto de vista. Quizá te resignas a que, cuando los más fuertes presionan para conseguir lo que a ellos les interesa, no tienes más remedio que acatar lo que decidan. Tal vez crees que tu única opción en la vida es cruzar los dedos y confiar en que la gente sea lo bastante sensible como para captar y tener en cuenta tus sentimientos. En cualquier situación conflictiva, en vez de defender tu postura, es posible que te retraigas y te hundas en la impotencia y el victimismo. Como consecuencia, el miedo y la ansiedad se apoderan de ti cuando surge incluso el menor conflicto cotidiano.

Si carecemos de un sano sentido de la autoconservación, los conflictos nos provocan emociones profundamente desestabilizadoras. Dos de las reacciones que más daño nos causan ante una situación de conflicto son la ira y la depresión. La ira nos crea resentimiento y la depresión nos lleva a la desesperanza, así que, por tu propia salud física, mental y emocional, no quieres experimentar ninguna de las dos. Afortunadamente, tienes otra posibilidad de respuesta, una posibilidad que te eleva en lugar de hundirte.

¿Cómo dejar de ceder a lo que se espera de ti y evitarte además el resentimiento que eso te crea? *Céntrate en el resultado que a ti te interesa.* Da un paso atrás, reflexiona un momento y pregúntate: «¿Cómo me gustaría de verdad que saliera esto?». Recuérdate que lo importante es centrarte en el resultado que quieres, no en los problemas que tienes. Esto te da instantáneamente una meta significativa y te orienta hacia ella, en lugar de que tu atención esté enfocada en el desacuerdo con la otra persona. Del modo más natural, empiezas entonces a pensar en la mejor manera de que las cosas vayan en esa dirección.

Quizá sencillamente no estás acostumbrado a idear soluciones y visualizar resultados una vez que te enfadas y a la vez te parece que enfadarte es la respuesta normal e inevitable a cualquier tipo de conflicto. Bien, aunque enfadarte pueda ser una reacción natural en un primer momento, no es ahí donde te quieres quedar; tus sentimientos y emociones importan, pero no necesariamente tienen la última palabra. Es decisión tuya si dar el siguiente paso, visualizar el resultado que quieres y centrarte en él. En lugar de caer en la impotencia y la animosidad, puedes *soñar* una solución con la que estarías contento.

Pero ¿y si no puedes conseguir todo lo que te gustaría? ¿Y si tienes que hacer algunas concesiones? Si es inevitable ceder en algún aspecto, no te encierres en el resentimiento por aquello a lo que tendrás que renunciar. En lugar de eso, pregúntate: «¿Qué podría obtener de esto por lo que merezca la pena dedicarle mi tiempo y energía?» o «¿Cómo podría convertir esto en algo que *quiera* hacer?». Es el ancestral principio del comercio justo: de entrada no quiero renunciar a mi fanega de trigo, pero si me ofreces a cambio una moneda de oro quizá cambie de opinión.

En cuanto estés dispuesto para empezar, puedes darle la vuelta al autodestructivo hábito de ceder, que te hace vivir resentido con todo. En lugar de sentirte impotente y frustrado, puedes convertirte en el artífice de los resultados que de verdad quieres. Practícalo, piensa en lo que te gustaría conseguir de aquello en lo que participes, y empezarán a venirte a la cabeza ideas de cuál podría ser la mejor solución, una solución que tenga también en cuenta tus necesidades.

69 Cuestiona tu sesgo de negatividad

Al cerebro le da igual que tú te sientas seguro y relajado.

Nuestra mente tiende a demorarse en lo negativo. Los recuerdos dolorosos permanecen vívidos en la memoria y los miedos conservan toda su fuerza. La expectación ante cualquier reto se tiñe de aprensión, incluso aunque nosotros mismos lo hayamos elegido con el mayor entusiasmo. ¿Por qué no somos igual de propensos a alargar el recuerdo de las buenas relaciones o de personas de memorable lealtad? ¿Por qué no irrumpe en nuestra conciencia emocional la alegría con la misma fuerza que el miedo?

La respuesta es que el cerebro tiene una tendencia natural a fijarse en todo lo que nos provoca miedo o ansiedad. Es a lo que se denomina *sesgo de negatividad*, una inclinación que la psicología ha estudiado en todo detalle. Venimos al mundo con solo unas pocas reacciones innatas de miedo, y el resto lo vamos aprendiendo sobre la marcha. Pero en ese aprendizaje, la atención que prestamos a lo negativo y la facilidad para recordarlo son desproporcionadamente mayores. Las experiencias negativas tienen un efecto indeleble, con el que las experiencias positivas no pueden competir. Hacen destellar una señal de alarma en cuanto algo nos trae el recuerdo de un acontecimiento doloroso. El trastorno por estrés postraumático es un buen ejemplo, como lo es el remordimiento por cualquier cosa desconsiderada o bochornosa que hayamos dicho o hecho en nuestra vida.

El sesgo de negatividad se asegura de que los sistemas perceptivos tengan una reacción absolutista ante cualquier señal de amenaza. En el instante en que ves algo potencialmente peligroso, el cien por cien de la atención se centra en ello. El tiempo se detiene y la visión de túnel toma el mando. Por ejemplo, si entraras en un salón precioso y al cabo de un momento vieras una serpiente de cascabel retorciéndose en la alfombra, más tarde recordarías con la mayor minuciosidad el movimiento de la serpiente y en cambio muy pocos detalles sobre la decoración del salón.

Por eso a veces tardamos tanto en recuperarnos de experiencias emocionalmente dolorosas. El cerebro sigue evocando el recuerdo y extrayendo más y más angustia de cada detalle, como temiendo que puedas olvidarte y acariciar la serpiente la próxima vez que la veas o, peor aún, llevártela a casa. En una relación, incluso un único incidente que en su día nos causó un gran dolor puede reverberar durante décadas, hasta mucho después de que los buenos momentos hayan superado a los malos en una proporción de diez mil a uno. Es bueno saberlo, para que puedas relativizar los desengaños y recordar que suele haber periodos difíciles entre personas que, por lo demás, tienen una relación de profunda devoción y confianza.

No se trata de negar el daño, sino de no dejar que el sesgo de negatividad nos haga tirarlo todo por la borda. Como dice James Doty en su libro *La tienda de magia*, que una cosa esté rota no significa que todo esté roto.

El sesgo de negatividad tiene graves repercusiones en la educación de los hijos. Los padres que carecen de información sobre el tema suelen creer que, cuanto más duro sea el castigo, más probabilidades hay de que el niño no vuelva a portarse mal. Piensan que las correcciones severas, como los azotes o los gritos, harán que la lección se le quede grabada. Pero debido al sesgo de negatividad, lo que se graba en la mente del niño no es la importancia de portarse bien, sino que a veces sus padres le dan miedo.

¿Tiene alguna ventaja el sesgo de negatividad? Sí, porque hace que te acuerdes de cosas dañinas que te pillaron por sorpresa y te mantiene más alerta en el futuro. Al cerebro le da igual que tú te *sientas* seguro y relajado. Que te sientas a salvo no puede ser un sustituto de que *estés* a salvo.

El sesgo de negatividad puede ayudarte además a recordar cosas neutras. Como el cerebro se pone en guardia y presta mucha atención en cuanto algo te provoca ansiedad, recordarás mejor cualquier cosa a la que añadas un poco de aprensión. Si mientras aparcas el coche te inventas un pequeño relato que tenga un ligero tono de preocupación, nunca te olvidarás de dónde lo has dejado. Lo mismo ocurre si vas tomando nota de lo que te rodea para no perderte. La razón por la que reconocemos que llevamos un rato dando vueltas es que la ansiedad nos ha hecho fijar los detalles del entorno en cuanto nos hemos dado cuenta de que estábamos perdidos. Al volver a ese punto, lo recordamos con nitidez. Tanto si la situación es ligeramente preocupante o de verdadero peligro, el sesgo de negatividad te lanzará destellos de advertencia para mantenerte alerta y que seas capaz de recordar.

Sin embargo, no puedes dejar que el sesgo de negatividad gobierne tu vida. Aunque sin duda tiene su razón de ser que llevemos incorporado este sistema de alarma, la realidad es que, una vez que empieza a lanzar destellos, tiñe el pasado de negatividad y limita el futuro. De repente un tropel de imaginaciones funestas nos oprimen el corazón y bloquean la energía, y nos echamos atrás incluso aunque no haya ningún motivo real para no seguir adelante. El sesgo de negatividad puede incluso cristalizar en convicciones equivocadas sobre la naturaleza de la vida en general y hacernos vivir en un estado de contracción, siempre a la defensiva.

Exponerte deliberadamente a nuevos entornos y tener contacto con gente nueva es la mejor manera de contrarrestar ese encogimiento que produce el sesgo de negatividad cuando está al mando. Puedes desafiarlo con pequeñas aventuras y exploraciones que te den la confianza de que no todo lo desconocido está lleno de serpientes de cascabel. Si no tomas la decisión de expandir tus horizontes, el sesgo de negatividad se apoderará de ti y te lanzará advertencias cada vez más fuertes sobre cosas cada vez más insignificantes.

Ten una charla con tu sesgo de negatividad. Dale las gracias por ser tan buen sistema de alerta, pero pídele que te deje experimentar un poco, que confíe un poco más en tu buen juicio. Prométele que le estarás agradecido por todos los potenciales peligros que te señale, pero hazle saber que la decisión final de si seguir o no seguir adelante le corresponde tomarla a tu mente racional adulta, no a tus miedos primitivos. Cada vez que pruebes algo nuevo y no ocurra nada malo, acuérdate de hacérselo ver a tu sesgo de negatividad. Tiene tendencia a ignorar todo aquello que es bueno o no entraña riesgo, así que asegúrate de que se da cuenta de todas las veces que las cosas salen bien. Puedes negociar con tu cerebro primitivo para enriquecer tu vida en este mundo moderno. Tu sesgo de negatividad debería funcionar como luz de advertencia, no como tu GPS.

70 Vive tu propio relato

*Puedes ser verdaderamente tú cuando te
das cuenta de que es posible.*

De pequeños, los elefantes amaestrados se resignan a tener que vivir con una pata atada a una estaca; de este modo, más adelante, se los podrá dirigir con una simple cuerda que un elefante adulto podría romper con suma facilidad. Los elefantitos aprendieron que, aunque tiraran con todas sus fuerzas, la cuerda no cedía ni la estaca se movía de su sitio; así que de mayores, a pesar de ser varias toneladas más pesados, acatan la lección, convencidos de que sigue siendo cierta. El elefante no cuestiona la situación porque, en su mente, es el mismo elefante de siempre. No se da cuenta de que ha crecido. Sin una perspectiva objetiva sobre la fuerza relativa de los elefantes y los humanos, el elefante sigue viviendo de acuerdo con lo que le enseñó su experiencia de infancia.

También a los humanos se nos somete a un proceso de domesticación cuando somos pequeñas criaturas salvajes. A las crías humanas se nos cuenta quiénes somos y de qué trata la vida, y ese relato suele transmitirse en cada familia de generación en generación. Normalmente la narración familiar nos llega a través de dichos, preceptos y episodios reales, pero además encontramos pistas en la cara de nuestra madre o en la postura de nuestro padre.

Los niños aprenden rápidamente qué expectativas familiares deben satisfacer. Quieren agradar y sentirse parte de la familia. Si es necesario, actuarán en contra de sus instintos para fortalecer el vínculo con las personas importantes de su vida. En sociología se llama a esto *aprender la cultura*. Aprender la tradición familiar —cómo se debe pensar, sentir y actuar— les enseña al niño y la niña a pertenecer a la familia y a predecir las reacciones de los demás. Obedecer y saber a qué atenerse les evita vivir en la incertidumbre y les da seguridad. Ahora bien, aunque esto tal vez tuviera sus ventajas mientras eran pequeños, no se puede vivir una vida adulta productiva y satisfactoria basada en un relato de infancia.

A fuerza de aciertos y equivocaciones, una vez que descubriste cuál era tu lugar en el relato familiar empezaste a asumir el papel que se te había asignado, y es posible que luego hayas seguido interpretando un determinado papel en los relatos de las personas queridas. Como nadie te ha hecho ver lo contrario, has asumido que eso es lo que eres. Tal vez, como el elefante, no te das cuenta de lo fuerte que te has hecho. Es comprensible que te infravalores, si te ves únicamente como los demás te veían en la infancia.

Aunque quizá no te guste cómo estás viviendo tu vida, a menos que examines de verdad el relato no sabrás por qué te sientes tan insatisfecho. Poco a poco, tal vez te des cuenta de que el papel que interpretas te deja una extraña sensación de frustración y vacío, por mucho que los demás te digan que deberías estar contento con lo que tienes. Entonces empiezas a preguntarte adónde ha ido a parar el relato que era auténticamente tuyo.

Por suerte, cada uno tenemos un relato verdadero en nuestro interior, que puede salir a la luz en cuanto nos damos cuenta de que somos adultos y no niños. Tu verdadero relato te dará una sensación de entusiasmo y esperanza al pensar en el futuro. Empezarás a identificar qué objetivos te llenan de energía y determinación. De este modo, descubrirás el relato con el que podrás brillar.

Pero un relato es solo igual de consistente que los valores que expresa. Los principios que tiene de base determinan su contenido. Sin saber con claridad qué es valioso para ti, el relato será una simple colección de episodios y viñetas; por muy interesantes que sean en el momento, carecerá de trama. Es difícil sentir un dinámico entusiasmo por algo a menos que esté fundamentado en valores que para nosotros son importantes. Si el tema del relato no está claro —si no sabes de verdad lo que te importa—, irás pasando del placer a la frustración y de la frustración al placer, sin alcanzar nunca la felicidad que nace de saber lo que se quiere y hacerlo.

¿No crees que es hora de actualizar tu relato de vida? Tal vez, como el elefante, sigues creyéndote más débil de lo que eres en realidad. No te das cuenta del poder real que tienes porque, psicológicamente, sigues sintiéndote pequeño y débil. Puede que, en lo más hondo, te veas perennemente como un niño, que necesita de los demás aprobación y seguridad, cuando deberías estar desarrollando tu identidad adulta.

Para dejar de vivir cautivo de la historia familiar, piensa en lo que realmente es valioso para ti en la vida. ¿Hacia qué te sientes inclinado? ¿Qué temas te avivan la imaginación? Cuando miras tu vida, ¿de qué estás orgulloso? Llegado el caso, ¿por qué lucharías?

Puede que tengas que reflexionar durante un tiempo para poder responder a estas preguntas, pero lo que descubras hará que haya valido la pena. Despertar a tu potencial de adulto libera una inmensa energía. Te sientes capaz de hacer cualquier cosa que te propongas. Las frágiles ataduras se revelan como lo que son, cuando comprendes cuánto has crecido. Todas las razones por las que creías que no podías ser tú mismo dan paso a la revelación de que puedes ser verdaderamente tú cuando te das cuenta de que es posible.

Si no defines el tema y el propósito de tu vida, es fácil que aceptes el relato que otros cuentan de ti. Solo tú puedes tomar la decisión de no cederle tu espíritu a nadie una vez que te haces mayor. Si no creas tu propio relato y te responsabilizas de él, quizá otro lo escriba por ti.

71 La tecnología como *coach* de vida

La sabiduría es inestimable venga de donde venga.

Podemos obtener un inestimable *coaching* de vida en los sitios más inesperados. El otro día cambié de hora el reloj del coche, de vuelta al horario de verano. Pero en cuanto terminé, la pantalla del salpicadero me preguntó si quería guardar el cambio. Era la versión automovilística de: «¿Estás segura?». Pero en vez de sentirme agradecida al coche por su interés en confirmar mis intenciones, me pareció irritante.

La irritación me hace darme cuenta de que no me estoy parando a escuchar. He descubierto que cuando me irrito, lo más probable es que esté actuando con una impaciencia de la que me voy a arrepentir. La irritación que me producen los pequeños detalles viene a decir, básicamente, que todo el mundo debería leerme el pensamiento y no hacerme perder el tiempo con tonterías. Si el segundo que tardé en pulsar el botón de *guardar* me pareció un fastidio, posiblemente era porque no estaba muy tranquila por dentro. De inmediato, comprendí que el mensaje del coche tenía poco que ver en el fondo con ajustar la hora; en realidad, era una señal para que comprobara mi estado de ánimo. Si pulsar el botón de *guardar* me estaba afectando de esa manera, tal vez es que necesitaba relajarme un poco.

El indicador de ángulo muerto es otro dispositivo del coche que me recuerda una importante lección para la vida: no creas que toda la carretera es tuya. Ver dónde están los demás y respetar su posición es un requisito básico para el trato respetuoso y la buena comunicación, mientras que invadir el carril contiguo sin siquiera comprobar que no viene nadie es como empeñarse en tener razón:

puede que el más dañado seas tú. Cada vez que tengamos la tentación de actuar como si no existiera nadie más, quizá deberíamos preguntarnos qué podría haber que no estemos viendo. Por nuestra propia seguridad, conviene tener en cuenta que hay otra gente en el mundo.

Mi coche es mucho menos impulsivo que yo. Ha conseguido enseñarme a tener claras mis intenciones antes de avanzar ni un milímetro, porque no arranca si antes no pongo el pie en el freno. Tardé un tiempo en aprenderlo, porque me costaba asociar la acción de arrancar con pisar el pedal del freno. Pero ahora comprendo lo inteligente que es este paso. Empiezo mucho mejor si dedico un momento a estar aquí ahora antes de dirigirme a otro sitio. Hacer una pausa antes de avanzar es la mejor manera de proceder.

Mi ordenador es otro *coach* igual de bueno. Me recuerda que, solo porque haya varios *gigabytes* de memoria RAM libres, no quiere decir que todo deba guardarse. Cada vez que voy a cerrar un documento, me recuerda las opciones; me pregunta si quiero *guardar*, *cancelar* o *no guardar*. Por si acaso, me digo que quiero guardarlo todo, pero ¿de verdad es eso lo que quiero? Tal vez no sea conveniente guardarlo todo en la memoria.

Los rencores son un buen ejemplo de que conservar ciertas cosas puede ser contraproducente. El resentimiento y la autocrítica son elementos que no merecen que pulsemos el botón de *guardar*. Puede que te sientas tentado a crear un archivo sobre cada agravio cometido por otros o por ti, pero si ya has aprendido la lección, ¿qué sentido tiene? ¿De verdad quieres saturar el espacio de almacenamiento con pensamientos negativos? Aprender a desviar tu pensamiento de la culpa y la amargura es un paso fundamental en el dominio de ti mismo. Además, tiene mucho más sentido resolver un problema directamente con alguien que guardarle rencor. La próxima vez que sientas la tentación de quedarte con algo que te creará resentimiento, imagina que aparecen en la pantalla las opciones de *resentirme, trascender* o *actuar para reparar la situación*.

Tu *coach* informático te recuerda también que no debes desconectarte de cualquier manera. Los ordenadores nos regañan si los apagamos bruscamente; se abre de inmediato una ventanita para recordarte que tienes que seguir los pasos adecuados antes de irte. A los ordenadores no les gustan los asuntos a medio terminar y quieren por tanto que pongas orden antes de salir. Saben que cualquier cosa que signifique separarse o apagarse requiere llevar a cabo un proceso intencionado. No te quites algo de encima así como así, o podrías arrepentirte. Hasta los ordenadores tienen claro que nunca es buena idea quemar las naves. En la medida de lo posible, termina cualquier relación en términos amistosos, y te evitarás la preocupación por haber perdido algo importante.

Aunque los ordenadores y los teléfonos móviles tienen numerosos mecanismos de seguridad que nos dan un sinfín de avisos, hay uno que todavía está por inventar. Me sorprende que a Google y a Apple aún no se les haya ocurrido. Necesitamos una ventana emergente que, cuando estamos a punto de enviar un correo electrónico o un mensaje de texto, nos advierta: «Este contenido podría malinterpretarse fácilmente. ¿No sería mejor llamar por teléfono?». Sería una función tecnológica *realmente* útil. Pero hasta que lo inventen, podemos acordarnos de preguntárnoslo nosotros mismos.

La sabiduría es inestimable venga de donde venga, así que recordemos las siguientes lecciones. Sé consciente de que la irritación puede significar que vas demasiado rápido para mantener el equilibrio. Tener capacidad de memoria no significa que haya que guardarlo todo; a veces es bueno deshacerse de cosas. Reflexionar antes de actuar, aunque nos lleve un poco de tiempo, es mejor que reaccionar impulsivamente, lo mismo que saber cuáles son tus intenciones antes de ponerte en marcha. Mira hacia un lado y hacia otro antes de entrar en territorio ajeno. Antes de cerrar nada, prepara a quien vaya a recibir los efectos del cierre y procura salir de cualquier relación en buenos términos. Incluso la tecnología puede ser una magnífica *coach* de vida y enseñarnos a vivir con más tranquilidad y conciencia.

72 Cruzar la frontera del miedo

Donde estás no es quien eres.

Al ser humano le gustan los pequeños espacios acogedores lo mismo que al gato una caja de cartón. Reducir la realidad al tamaño de lo que le es familiar hace que se sienta seguro, con una sensación de control sobre las cosas. Es una persona fuera de lo común la que disfruta del suspense de vivir. El resto queremos colocar las cosas en su sitio cuanto antes y que nada se mueva. Por desgracia, esto puede extenderse también a nuestra personalidad y nuestro sentido de identidad.

Si eres como la mayoría, acabas viviendo convencido de que eres tus límites. Te da mucho miedo salir de lo conocido porque piensas que un cambio de contexto puede suponer que ya no sepas quién eres. La caja de cartón en la que te acomodaste ha acabado convirtiéndose en tu identidad, y ahora tienes que aferrarte a ella a toda costa. Dentro de esos límites te sientes a salvo.

Por eso, si de repente algo te echa de tu caja, te invaden el terror y la desesperación. ¿Cómo volverás ya nunca a sentirte bien sin esas paredes? Crees que no estás preparado para hacer frente a experiencias de vida radicalmente distintas, y sin embargo la mayoría de la gente lo está y lo hace. En realidad, solemos arreglárnoslas bastante bien. En cuanto dejamos de empeñarnos en la idea de que las cosas no deberían ser como son y de que la felicidad solo es posible en determinadas condiciones, podemos expandir nuestro perímetro. Llevamos la resiliencia en los genes; basta con que la dejemos actuar.

De hecho, los cambios de vida radicales a menudo resultan ser sorprendentemente liberadores. De repente descubres que las circunstancias desesperadas que han provocado el cambio han sido un regalo. Jamás habrías dado esos pasos si hubieras tenido la posibilidad de mantener los límites en su sitio. Es muy estimulante descubrir que puedes funcionar con naturalidad, que la vida sigue, aunque te hayan echado de tu caja. A veces un cambio radical libera de golpe tanta energía que casi da vértigo salir de la cárcel de lo predecible.

Al parecer, hay en ti un centro que quiere crecer y experimentar cosas nuevas, incluso aunque sea un poco arriesgado. A esa parte de ti no le gustan las cajas. No tiene limitaciones hechas de miedo. Se entusiasma cuando se presenta una oportunidad, aunque es normal que haya temores de fondo. Está el miedo y está la fuerza de la inspiración que te llena cuando tu verdadero yo reconoce aquello que es justo lo que necesitas. Te sientes más vivo y alerta.

Dónde estás no es quien eres. Tal vez haya un yo libre y espacioso esperando en tu interior a que te expandas más allá de la imagen limitada que tu familia o tus amigos tienen de ti. No hay sensación comparable a descubrir que eres capaz de mucho más de lo que imaginabas posible. Al principio de cualquier nuevo reto, hazte esta pregunta esencial: «En lo más hondo, ¿siento que este es mi sitio?». Si la respuesta es sí, da igual lo asustado que estés. El miedo forma parte ineludible de crecer; crecer te sitúa fuera de la caja, allí donde la vida es inmensa. Una vez que pases por encima de los temores que te limitan, no podrás creerte que hasta ahora hayas aceptado vivir en un espacio tan reducido.

73 No te llames vago

*¿Juzgas lo valioso que eres en función de la
cantidad de «trabajo» que has hecho hoy?*

De pequeños, muchos vivíamos con miedo a que nos dijeran que éramos unos vagos por estar deseando encontrar el momento de sentarnos a leer, ver la televisión, jugar o hacer cualquier cosa que nos apeteciera. Recibíamos el mensaje de que, a menos que estuviéramos trabajando en serio, solucionando un problema o progresando hacia alguna meta cuantificable, éramos unos inútiles. No era aceptable «pasar el rato» y disfrutar del tiempo libre era sinónimo de eludir nuestras obligaciones. En muchas familias, en especial si tu papel es elevar la autoestima de un padre o una madre EI, existe la presión de tener que estar siempre haciendo algo que ellos consideren productivo. Estar ocupado es lo más parecido a ser bueno.

Si creciste en un ambiente como este, es posible que interiorizaras esa exigencia hasta el punto de que, sin darte cuenta, evalúas lo aceptable o inaceptable que eres como persona en función de la cantidad de «trabajo» que hayas hecho ese día. Si llegas a la conclusión de que no te has esforzado lo suficiente, quizá por la noche no consigas conciliar el sueño, preocupado por lo que no has hecho o por lo que te queda por hacer.

Si te suele ocurrir, párate ahora un instante a pensar en la opinión que tienes de ti en esos momentos. Apostaría a que no es precisamente de comprensión hacia ti mismo o de interés por tus sentimientos, circunstancias o necesidades, y a que te tratas como si fueras un simple medio para conseguir un fin, que es un trabajo bien hecho. En esos momentos, quizá te parezca que el objetivo de la vida es tachar de la lista la mayor cantidad de cosas posible para poder dejar de preocuparte de si has hecho lo suficiente como para considerarte lo bastante eficaz.

La necesidad de descansar y el no tener ganas de hacer nada no son cuestiones morales. No eres bueno o malo dependiendo de lo activo o motivado que estés. Puedes hacer lo necesario y disfrutar del tiempo libre que te quede. Ahora bien, si te criticas cada vez que no te apetece hacer nada, nunca consigues reponer de verdad las energías, que es para lo que sirve, entre otras cosas, el tiempo de inactividad.

La reacción que tienes hacia el deseo de relajarte lo dice todo sobre cómo es tu relación contigo mismo. Si no estás a la altura del nivel de logro que has decidido exigirte, cabe la posibilidad de que te empieces a fustigar mentalmente como si estuvieras compitiendo para llegar el primero a un concurso de alta productividad. Te tratas como trata a su potro el jinete decidido a ganar una carrera de la Triple Corona. Y luego, si necesitas descansar, te fustigas con críticas un poco más. A este jinete mental, como está loco, cada vez que decides dedicarte un minuto a ti mismo, le parece que estás arriesgándote a una posible pérdida irreparable.

Pero piénsalo un momento. En realidad no es tanto lo que está en juego. La mayoría de las cosas no son tan urgentes. El miedo a ser unos vagos nos dice que en esta competición nos jugamos nuestra propia valía, pero no es así. Vivir constantemente nerviosos y bajo presión no va a mejorarnos moralmente ni un ápice. De hecho, esa ansiedad nos desmotiva por completo. Cuando se usa el látigo con un caballo que está muy cansado, a veces desfallece y se rinde. Cuando al agotamiento le añades el insulto «vago» porque no tienes ganas de hacer algo, estás haciendo lo mismo.

Prueba a tratarte de otra manera. Cuando no te apetezca hacer nada durante un rato, plántale cara a la voz autocrítica y hazle entender que no la necesitas. Responde a sus objeciones diciéndole: «No me grites. ¡No soy un vago!». Por lo general, verás que puedes ocuparte de hacer las cosas verdaderamente necesarias y, aun así, tener tiempo para relajarte. No hace falta que estés siempre ocupado para ser una persona valiosa. Ya lo eres.

74 Hazle sitio al espacio

La espaciosidad es a la vez revitalizadora y calmante.

Es difícil hacer limpieza porque nunca sabemos con seguridad de qué deshacernos. Todo lo que tenemos está ahí porque un día nos pareció útil, bonito, interesante o cómodo. El problema es que, una vez que colocamos en casa cualquier objeto, nuestro cerebro se aferra a él como a los restos de un naufragio. Nos decimos: «Esto, mejor lo guardo; puede que algún día lo necesite», y la acumulación va arraigando.

Es cierto que si guardas algo durante años, tal vez un día acabes encontrándole utilidad. Pero puede pasar mucho tiempo hasta que ocurra. A mí antes solía darme mucha rabia regalar algo que no usaba y descubrir poco después lo bien que me habría venido en ese momento. Ahora, hago rápidamente un cálculo probabilístico. Sí, claro que podría llegar la ocasión de volver a utilizar ese objeto, pero las probabilidades de necesitar de verdad algo que no he usado desde hace años son astronómicamente escasas, en comparación con la alta probabilidad de que otra persona disfrute de ello ahora mismo.

De todos modos, la razón más importante para deshacerte de cosas que no usas es que quitarlas de en medio despeja la mente y te da espacio. Los fabricantes y los publicistas quieren convencerte de que llenes el espacio, de que no lo dejes vacío. Te lanzan el mensaje de que tener más cosas es tener más felicidad. Pero es muy necesario que en tu casa haya espacio para descansar los ojos y abrir el alma.

El universo está compuesto de espacio en su mayor parte. ¿Cómo podríamos apreciar las estrellas si brillaran codo con codo y llenaran por completo la oscuridad? ¿Preferirías que te regalaran un anillo metido en una bolsa de chatarra o resaltando sobre el fondo oscuro de una cajita forrada de suave terciopelo negro? ¿Podrías disfrutar contemplando una obra de arte en la que el motivo central no estuviera rodeado de espacio? ¿Y qué me dices de la música? ¿Disfrutarías escuchando una avalancha de sonido en la que no hubiera pausas? Lo que *no* está es parte de la experiencia tanto como lo que está.

Los publicistas lo saben y dejan siempre espacio visual en abundancia alrededor de lo que quieren venderte. Jamás se les ocurriría promocionar su último modelo de ordenador con imágenes en las que apareciera medio enterrado en un escritorio lleno de papeles ni tratarían de vender el nuevo exprimidor mostrándolo dentro de un armario lleno de tapas desparejadas. Tampoco anunciarían ropa de última moda fotografiada en un armario lleno de prendas de temporadas anteriores. Muy al contrario, nos venden la fantasía de que esos objetos seguirán teniendo su propia existencia individual, conservando su aura de singularidad para siempre. Saben que el espacio que rodea un artículo vende el producto porque estimula al comprador. Nunca hacen referencia al cementerio de nuestras innumerables compras impulsivas anteriores.

El cerebro, para poder procesar todo lo que vemos a nuestro alrededor, debe invertir un poquito de energía. Si tenemos la casa abarrotada, malgastamos energía mental simplemente para rastrear el campo visual en busca de uno u otro objeto. En cambio, cuando miras a tu alrededor y ves un espacio abierto, tienes una sensación de oportunidad. Te sientes más ligero y más creativo. Los contados objetos que haya destacan, y te deleitas en contemplarlos. Las posesiones son entonces fuente de inspiración, y no de agotamiento.

Los espacios abiertos nos atraen porque la sensación de amplitud es revitalizadora y calmante. Es en el espacio donde reponemos las energías. Cada vez que llenes un espacio, recuerda que vivir en él consumirá un poco de tu energía diaria. Si prefieres elevar tu energía en vez de malgastarla, crea un poco de espacio alrededor de todo, y me refiero a todo. Cuando decidas despejar la casa, resuelve con frialdad absoluta qué objetos merecen que le regales tu espacio.

En el momento de hacer limpieza, evita los sentimentalismos. Dado que fue una reacción emocional lo que un día te hizo adquirir cada objeto, no son un consejero fiable. Si te dejas llevar por los sentimientos, cuando hayas acabado de hacer limpieza seguirás teniendo exactamente las mismas cosas que tenías al principio, porque seguro que en su día había alguna razón para que las compraras. Tampoco debes dejar que la imaginación fantasee con la remota posibilidad de que en un futuro podrías quizá necesitar cierto objeto.

Acepta el doloroso hecho de que si regalas algo, probablemente al cabo del tiempo *se te ocurrirá* para qué podías haberlo usado. Eso no significa que, por si acaso, debas quedártelo. Cuéntate a ti mismo *en voz alta* la razón concreta por la que lo compraste y a continuación di en voz alta la razón precisa por la que ahora debe desaparecer.

Siempre hay una razón por la que no usas algo, y la tienes que encontrar. Puede que compraras una camisa porque te encantaba el color, pero nunca acabó de sentarte bien. O quizá adquiriste una herramienta que supuestamente iba a ahorrarte cantidad de tiempo, pero no acabaste de aprender a usarla. Tal vez te des cuenta de que, si está claro que nunca vas a montar esa maqueta, no necesitas seis de esos artilugios que compraste expresamente para hacerla.

Recuperar espacio nos libera de un peso que no sabíamos que lleváramos a cuestas. Fíjate en esa respiración expansiva y profunda, al ver un trocito de pared detrás de la ropa colgada o las estanterías casi vacías del trastero. Esa inhalación tan agradable es señal de alivio e inspiración, al descubrir que hay en nuestra vida espacio para nuevas ideas. Haz como que es primavera y pon manos a la obra. No hay mejor momento que este para llenarnos de energía haciéndole sitio al ahora.

75 El arte de vivir

Comprométete a hacer que tus errores sean tan bellos
como si la intención hubiera sido desde el principio
que el resultado fuera precisamente ese.

Al fin un día comprendí lo que hace que alguien sea un gran profesor. Sea cual fuera la asignatura, el profesor al que recordamos nos transmitió verdades universales, no solo hechos concretos. Las verdades universales conservan su valor en toda clase de situaciones, mucho más allá del aula. Los hechos por sí solos se evaporan rápidamente, mientras que las verdades universales nos sostienen durante años.

Uno de los mejores profesores de la verdad que he conocido en mi vida fue mi profesora de arte Devi Anne Moore. Esta profesora no se limitaba a enseñar color y técnica, sino que daba además valiosos consejos y nociones de filosofía, según lo que fuera necesario para que sus alumnos trabajáramos relajados. Nos conducía por los laberintos de la creatividad, enseñándonos no solo a usar los ojos y las manos, sino también la psique. La profesora Devi enseñaba arte, pero lo mismo hubiera podido dedicarse a enseñar sobre la vida.

Cuando los alumnos queríamos probar alguna técnica compleja con la que nunca antes habíamos trabajado, ella preveía el desánimo que sin duda sentiríamos en cuanto nos encontráramos con algo tan nuevo. Así que, antes de nada, nos invitaba a ajustar la actitud: «Si vas a hacer esto, tienes que decidir que, pase lo que pase, vas a *hacer* que funcione». Para que nadie se llamara a engaño, dejaba claro que abandonar el trabajo a medias no era una posibilidad. Ingeniar qué hacer con una lámina en la que el dibujo ha quedado hecho un desastre iba a ser una parte importante del proceso, no el final del proceso. No sirve empezar de cero otra lámina probando una técnica más fácil. Lo hecho, hecho está, y hay que encontrar la manera de resolverlo. Si no se puede borrar, habrá que cambiar lo que sea necesario para que todo encaje. Comprométete a hacer que tus errores sean tan bellos como si la intención hubiera sido desde el principio que el resultado fuera precisamente ese.

Menuda lección para las relaciones de pareja, por no hablar de la paternidad y la maternidad, o cualquier tipo de actividad creativa. Tienes más probabilidades de hacerlo funcionar si rechazas de entrada la posibilidad de tirar la toalla al primer error.

Un alumno de mi clase un día se quejaba lleno de frustración de que, si finalmente había conseguido hacer bien el dibujo después de un montón de intentos, ¿por qué le había resultado imposible la primera vez? Si la habilidad estaba en él, ¿por qué había cometido tantos errores y había tenido que volver a empezar innumerables veces? ¿Por qué no trazó directamente las líneas correctas en un principio? «Porque todo el aprendizaje ocurre en los errores», contestó la profesora Devi.

Cuando se sobrevalora la perfección, es fácil considerar que los errores son una pérdida de tiempo. «Hazlo bien a la primera —piensas— y termínalo». ¿Qué puede haber más eficaz que eso? Pero la única manera de aprender a hacer algo nuevo y complejo es a base de errores; no es posible dominar la técnica antes de empezar. Te costaría encontrar a un atleta profesional que pensara que, como es posible batir un récord, lo natural sería que estuviera batiendo un récord detrás de otro. Para aprender de verdad, hay que dedicar tiempo a ver qué pasa si se prueba primero a hacer algo de una forma y luego de otra. Darnos cuenta de un error es la manera instantánea de erradicar una técnica que no funciona.

Mi profesora tenía además una peculiar ambivalencia a la hora de enseñarnos técnicas artísticas. Nos las explicaba, pero luego le preocupaba que las utilizáramos. «No seáis esclavos de la técnica —decía—, o lo haréis siempre así». Era desconcertante. ¿Es que el objetivo no era hacerlo bien? Y si alguien te enseñaba la forma correcta de hacerlo, ¿no era lógico hacerlo siempre así? Según la profesora Devi, no. Cada pintura o dibujo debía abordarse con mirada nueva, encontrar su punto de partida natural, ese día, en ese momento. El sentimiento y el tono de la obra dictaban el siguiente paso, no una lista memorizada de pasos. En cuanto un alumno adquiría seguridad en una técnica y la utilizaba una y otra vez de manera estereotipada, llegaba la profesora Devi a interrumpirlo. Más valía que no te sorprendiera sacrificando la integridad orgánica del cuadro a las reglas de una técnica.

¡Cuánto más rica sería la vida si usáramos más la originalidad y menos la técnica! ¡Cuántas actividades se transformarían si las enfocáramos con la jubilosa espontaneidad de una mirada nueva, nacida en ese momento, en lugar de repetir lo que siempre ha funcionado! Lo mismo que la profesora Devi insistía en que nuestros cuadros tuvieran espíritu vital, tú podrías proponerte que el espíritu vital esté presente en tu vida. Si te descubres haciendo algo de la misma forma una y otra vez, puede que haya llegado el momento de abandonar la técnica, relajarte un minuto y dejar que el espíritu de vida te mueva.

El espíritu se apaga cuando te preocupas demasiado por hacerlo todo bien. La vida pierde su esplendor si te rindes cuando no es perfecta. Serás más feliz con tu mundo y contigo cuando aceptes tus errores como fugaces pinceladas en el gran cuadro de tu vida. En lugar de referirte a tus errores en términos denigrantes, podrías seguir el ejemplo de otro profesor de arte, el célebre Bob Ross, y considerarlos como él «pequeños accidentes felices», libres e inocentes, que te acercan cada vez más a lo que te propones conseguir. Puedes hacer que los errores actúen para beneficio tuyo. Cuando accidentalmente tomas un camino equivocado, el aprendizaje que supone buscar el camino de vuelta y encontrar un nuevo enfoque tiene un valor sin igual, no solo en las artes plásticas, sino en el arte de vivir.

76 El resto de tu vida

Que envejezcamos no significa que dejemos de tener necesidad de realización personal.

Hace unos años, durante la firma de uno de mis libros, una mujer mayor se detuvo y soltó un resoplido de desagrado al pasar por delante del expositor. El título pareció tocarle la fibra sensible y comentó en tono despectivo que a ella se le había pasado ya la edad de andar preguntándose cuál era su verdadero propósito en la vida. Su expresión de amargura y las comisuras de los labios caídas lo decían todo. Ella creía que estaba siendo realista. Lo que en realidad estaba era deprimida.

Que envejezcas no significa que dejes de tener necesidad de realización personal. Sigues teniendo esperanzas y sueños, sigues fijándote en alguien atractivo cuando lo ves pasar y sigues anhelando la mayor felicidad posible. A tu psique, la verdad sea dicha, no le afecta particularmente el envejecimiento. Puede que bajes un poco el ritmo o que sepas un poco más de la vida, pero en lo fundamental, tienes eternamente dieciséis años. La necesidad de satisfacer tus deseos es más real que cualquier cosa que pueda mostrarte el espejo.

En el fondo, eres inmortal. Tus necesidades psicológicas más básicas funcionan igual a los siete años que a los setenta. Experimentas tu vida como si tuvieras todo el tiempo del mundo. Decirte que eres demasiado viejo, o que ya es demasiado tarde, o cualquier otra cosa que te limite, no le sienta bien a tu psique. Te crea amargura. Por mucho que argumentes que solo estás siendo realista, resignarte a la idea de que envejecer significa dejar de crecer interiormente es veneno para tu alma.

Porque la realidad es otra. ¿Cómo es que tu yo interior quiere seguir creciendo mientras que tu yo exterior se resigna a envejecer?

La respuesta es que vives en dos mundos. Hay un relato de la creación en las leyendas místicas del judaísmo que dice que cuando se creó el universo, se dividió en dos partes: el mundo del *uno por ciento* y el mundo del *noventa y nueve por ciento*. El mundo del uno por ciento es el mundo material, físico, que tan bien conocemos. Cuando alguien suspira y dice: «Así es la vida», está hablando de ese mundo. Ese era el mundo en el que vivía la señora de la firma de libros. Es el mundo gobernado por el envejecimiento físico.

El mundo del noventa y nueve por ciento es otra historia. Es el reino invisible del conocimiento, la alegría y la inspiración. Cuando conectas con este mundo, vives los momentos más felices de tu vida. La gente afortunada mantiene un canal abierto a esta fuente de energía. Inventores, compositores y personas de gran éxito han confiado en este mundo a lo largo de los siglos.

Gozar de salud psicológica en la vejez depende principalmente de que exista esa conexión con el mundo del noventa y nueve por ciento. Este mundo es fuente de esperanza y optimismo y, en buena medida, también de salud física. Este mundo sabe que el espejo miente. Quiere hacernos sentir que vamos a vivir para siempre; que a los noventa años sigue valiendo la pena aprender, que a los sesenta merece la pena dedicar nuestra energía a desarrollar un nuevo talento y que encontrar el amor a los setenta es tan valioso como siempre ha sido. Quienes creen de verdad en esto tienden a ser más felices, a tener menos síntomas psicológicos y a vivir más tiempo. Es como si la vida secundara nuestro sentimiento de inmortalidad.

Cuando te aíslas de este mundo del noventa y nueve por ciento porque piensas que eres demasiado mayor, demasiado desventurado o demasiado lo que sea, te sientes psicológica y espiritualmente empobrecido. Sin embargo, en cuanto conectas de nuevo con el mundo del noventa y nueve por ciento, la vida vuelve a ser una fiesta. Al mirar hacia delante, la vida no te parece una condena sino un eterno viaje de exploración, en cuanto empiezas a vivir como si no fueras a parar nunca.

Volvamos a la señora de la firma de libros. Aquella mujer vivía su vida de acuerdo con el plan de parar. Un buen día pensó en su edad, se miró al espejo y decidió que había llegado el momento de pararse. Por supuesto, estaba convencida de que aquello era lo sensato, como pensar en hacer testamento o en organizar sus finanzas. Conviene prestarle al mundo del uno por ciento la atención que merece. Ahora bien, una vez hecho, es una idea pésima encerrar la psique en una cajita de actitudes tan estéril.

En el mundo del noventa y nueve por ciento no hay tiempo ni edad. Este mundo sabe que tu apetencia de alegría es más fundamental que las circunstancias externas. Sabe que la vida no es un ensayo general para la muerte. Que a veces nos cueste recordarlo es comprensible; al fin y al cabo, todos llevamos dentro a la mujer de la firma de libros. Pero ¿por qué no la sorprendes con el resto de tu vida?

Epílogo

Ahora que has terminado de leer el libro, espero que te sientas un poco más cerca de la verdad de quien eres y de la naturaleza de la vida. ¿Está el camino un poco más despejado? En otras palabras, en lugar de tener la sensación de que la vida es como una madre mandona que te dice a cada momento lo que tienes que hacer, ¿puedes imaginarla ahora como una aventura compartida? Si es así, el tiempo que hemos pasado juntos habrá estado bien empleado. En realidad, para mí era ya tiempo bien empleado desde el momento en que comprendiste la importancia vital de atender tus necesidades y te tomaste en serio cuidar de ti.

Una vez que empieza a importarte cómo te sientes y lo que te pasa en la vida, te ocupas de ti y te sientes más completo, tu vida es más satisfactoria y tus relaciones más gratas y sencillas. Personalmente, creo que es bastante obvio que todo nos va mejor cuando, en vez de sufrir a cada momento en un intento por hacerlo todo bien, entendemos que la vida se nos ha dado para que la disfrutemos. Espero que esta colección de reflexiones te haya inspirado la fuerza y la claridad para valorarte tal y como eres, sin necesidad de tener que convertirte en quien no eres. No estás aquí para complacer a ninguna persona emocionalmente inmadura. Estás aquí para ser tú.

Cuando comienzas a cuidarte con amabilidad y empatía, con el celo del padre o la madre sensibles que no tuviste, empiezas a vivir con un sentimiento de posibilidad, de todas las posibilidades que están en ti desde siempre. Eres tu recurso más valioso: todo bondad, nada que no sea esencial. Déjate guiar por tu energía. No escuches cuando alguien te diga que demuestres lo que vales sacrificándote; eso se ha acabado. Confía en que la vida puede mostrarte lo que realmente importa. Confía en que tu fuerza vital te empuja a alcanzar tu potencial y en que sabe lo que necesita. Vive en consonancia con este espíritu vital, y tu vida tendrá sentido.

Haz que tu vida sea tuya, y ninguna persona EI volverá a secuestrarla nunca más. Espero que este libro de reflexiones sea tu compañero y te siga dando los ánimos necesarios para crear una vida auténtica, que sea buena para ti y para el mundo que te rodea. Acuérdate de cuidarte de verdad, porque eres muy valioso y es lo que mereces.

Agradecimientos

Este libro es ahora un sueño hecho realidad. Pero tal vez el sueño no se habría materializado de no haber sido por el inquebrantable apoyo de mi marido, Skip. A él le parecía importante que reuniera estos escritos y nunca dejó que me escapara cuando me veía fantasear con otras ideas. Sin su visión y sus recordatorios frecuentes, esta colección podría haberse quedado en un proyecto de futuro. Su determinación a apoyarme en todos los sentidos me dio el tiempo y la fe que necesitaba para armar este libro. Le estoy infinitamente agradecida porque leyera el trabajo durante el proceso, me diera sus opiniones y me ayudara a mantenerme siempre en el camino hacia la compleción. Sobre todo, le doy las gracias por ser él y en consecuencia hacerme feliz.

A mi hermana, Mary Babcock, le envío todo mi amor y mi más profunda gratitud por haber tenido la paciencia de leer miles de palabras y cientos de páginas para ayudarme a seleccionar los mejores fragmentos de veinte años de escritura. De alguna manera, se las arregló para hacer que el trabajo fuera divertido, con sus elogiosas palabras de ánimo, su entusiasmo por el proyecto y su franqueza, cuando tocaba decirme que algún párrafo no era exactamente su predilecto. Nuestros muchos años de debates y amor por los libros me daban total confianza en su criterio, y no puedo agradecerle lo suficiente todo el tiempo que me dedicó.

Tesilya Hanauer ha sido la mayor promotora de mi carrera de escritora. De no haber sido por nuestro casual y afortunado encuentro en Hawái, es posible que todas mis reflexiones y mi trabajo sobre la crianza emocionalmente inmadura nunca hubieran tenido la difusión y el apoyo de los lectores de que han gozado. Gracias, Tesilya, por arriesgarte y por creer en mis ideas.

Muchas gracias también a Jennifer Holder por su excelente trabajo de edición y sus sugerencias, y a Susan Crawford, mi agente, cuyo entusiasmo por mis ideas fue mi primer punto de apoyo en el mundo editorial.

Quiero darle las gracias igualmente a Peggy Sijswerda, editora de la revista *Tidewater Women*, que ha dado a tantas escritoras un medio en el que publicar su trabajo. Sin la oportunidad que me dio, nunca habría escrito todos estos artículos y muchos otros. Además de que era un placer trabajar con Peggy, su sensibilidad literaria se encargaba de que la revista mantuviera una alta calidad. Siempre me dio libertad para ser yo misma y elegir sobre qué temas hablar. Por ello, le estaré eternamente agradecida.

Gracias también a Esther Lerman Freeman, por todos los consejos y el apoyo que recibí de ella durante la composición de este libro. Mi más profunda gratitud igualmente a Lynn Zoll, Kim Forbes, Barbara Forbes, Judy Snider y Arlene Ingram, por sus comentarios siempre tan alentadores sobre los artículos en cuanto se publicaban. Como siempre, todo mi cariño a Carter, que es una felicidad tan grande en mi vida y me sirvió de inspiración para cada artículo sobre la maternidad, y a Nick, que me hace reír y me alegra el corazón.

Sobre la autora

Lindsay C. Gibson es doctora en Psicología Clínica y ejerce en su consulta privada. Se ha especializado en el trabajo psicoterapéutico con hijos e hijas adultos de padres emocionalmente inmaduros (EI). En el pasado, trabajó como profesora adjunta de psicología impartiendo cursos de posgrado en el College of William and Mary y en la Old Dominion University de Norfolk, Virginia. Escribe una columna mensual sobre bienestar emocional en la revista *Tidewater Women* y es autora de los libros *Hijos adultos de padres emocionalmente inmaduros*, *Padres y madres emocionalmente inmaduros: cómo sanar y superar las secuelas* y *Who You Were Meant to Be*. Vive y ejerce su profesión en Virginia Beach, Virginia.